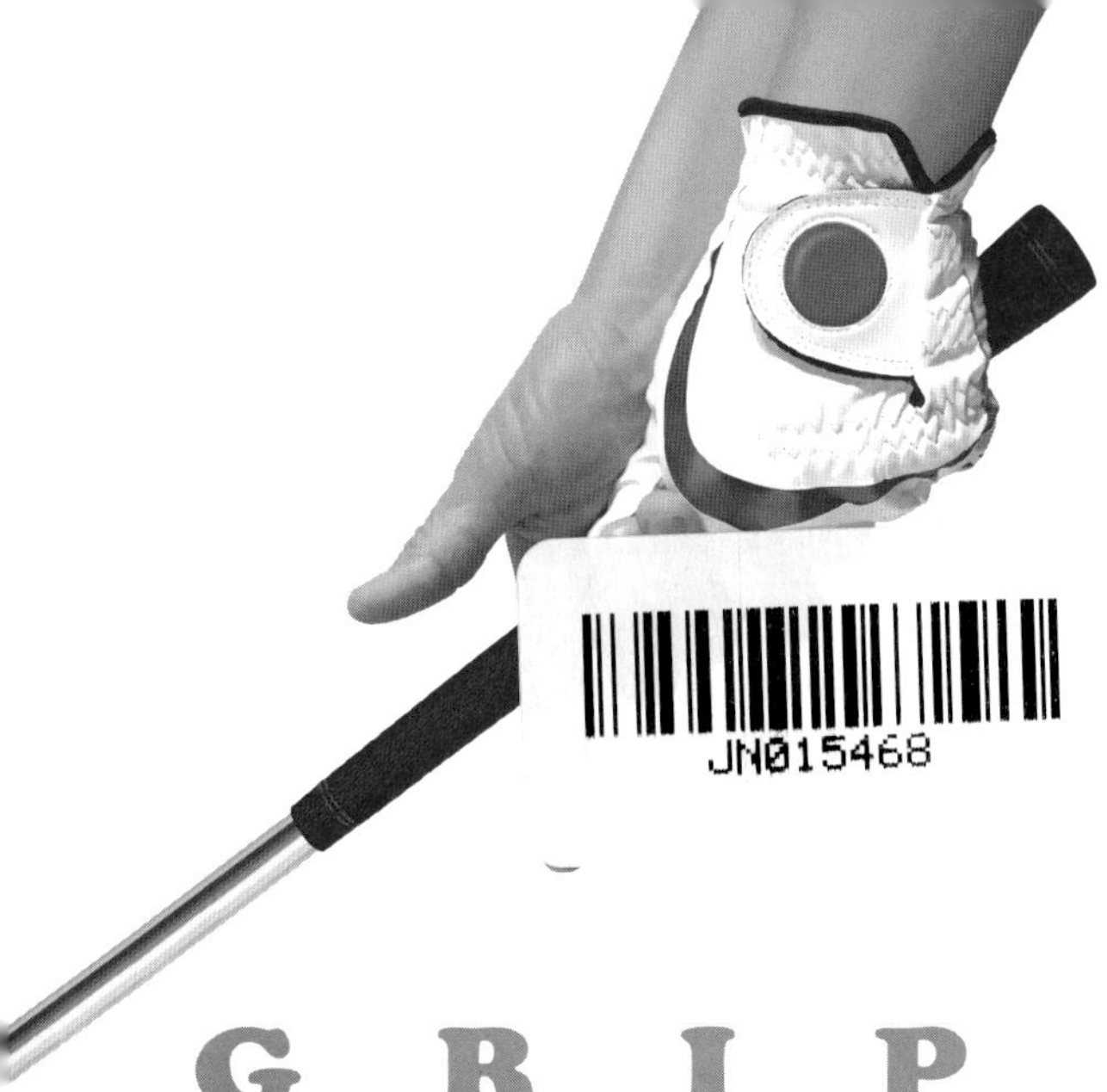

GRIP

動画解説版 グリップを直すだけでゴルフが変わるから

「もう一度 練習してみよう」と思える

ゴルフドクター
松吉 信
MAKOTO MATSUYOSHI

日本文芸社

動画の視聴方法

ページに印刷されているQRコードを
スマートフォンのQRコードリーダーで読み取ると
動画を視聴することができます。

※QRコードの商標はデンソーウェーブの商標登録です。

本書は
『グリップを直すだけでゴルフが変わるから「もう一度練習してみよう」と思える』
(2014年8月初版)の 一部に加筆訂正し、
新たにQRコードによる解説動画を加えたものです。

プロローグ

あなたは普段、どのようなゴルフのレッスン書を読んで勉強していますか？　レッスン書ではなく、最近インターネットで流行りの情報商材でしょうか？　「効果がなければ全額返金します！」なんて書いてあると、「えっ、本当に？　それなら」とついつい買ってしまう気持ちはわからなくもありません。しかし大切なのは、あなたの手にしているその教材にどのようなことが書かれているか、です。恐らく、そこにはあなたがスコアを上げるために必要と思われるさまざまな情報が詰め込まれていることでしょう。そして、そのほとんどがスイングに関して言及したものではないでしょうか。

しかし、スイングは人ぞれぞれ異なりますし、クラブだってその人に合うものと合わないものがあります。本に書いてあるスイングをそのまま真似したからといって、あなたのスイングがよくなったり、スコアが上がったりするとは限りません。**本の内容を実践しても、あなたのゴルフがうまくいかないのだとしたら、それはスタート地点が間違っています。**そう、あなたのスコアが上がらないのはスイングの問題ではない可能性があるのです。スイングではないのなら、あなたの抱える問題点はいったいどこにあるのでしょうか。

グリップですべてが決まる！

私のレッスンでは、主に〝静止している部分〟すなわち〝グリップ〟や〝アドレス〟を重要視し、徹底して直します。**ほとんどのアマチュアゴルファーが抱えている問題点は、スイングよりも、この静止している部分にあります。**特にグリップ。**グリップがよければすべてのことがうまくいく**、と言っても過言ではありません。クラブの握り方を改善するだけで99％のアマチュアゴルファーのスコアが伸びると私は考えています。なぜなら、**グリップがよくなれば、そこから始まる動作もおのずとよくなる**からです。

アマチュアゴルファーに「あなたはどの部分に気をつけてスイングしていますか?」と聞くと、ほとんどの人はバックスイング、トップ、インパクト、フイニッシュのいずれかを答えます。なかには「アドレス」と答える人もいますが、「グリップ」と答える人はごくわずかです。

悪いグリップのままスイングすれば、バックスイングやダウンスイングも悪いものになってしまいます。グリップがその人にとって正しいものでなければ、いくらスイングを直そうとしても無理なのです。また、その人にとって正しいグリップをしていなければ、どこかに歪《ひず》みが出てグリップや身体にも余計な力が入ってしまい、飛距離も出ません。

プロゴルファーはアマチュアゴルファーとは逆で、グリップに神経を使います。それくらいグリップはスイングで大切な部分ですが、アマチュアゴルファーはあまりにもグリップを軽視しています。**グリップがよくなればシングルにだってなれる**というのに……。

グリップが唯一のコネクション

ゴルフは、自分の手でボールを打つのではなく、クラブで打つスポーツです。手は自分の身体とクラブを接続する唯一の部位になります。しかし大半のアマチュアゴルファーは、クラブや身体の動きに気を取られてしまい、手元の感覚をなおざりにしています。ボールを打ったとき、その振動は腕や胴体ではなく、まず手に伝わります。指先は人間の身体のなかでも神経が細かい部位で、ボールの感触などを敏感に感知しています。要するに、**ゴルフに大切な要素の多くが手から伝わる**のです。ですが、雑誌や書籍、ネット商材などでは『インターロッキング・グリップ』や『オーバーラッピング・グリップ』といったマニュアルどおりのグリップを簡単に紹介して、すぐスイングの話に飛びます。レッスンも同様で、握り方にはあまり時間をかけず、すぐにスイングの練習に入ってしまいます。

アマチュアゴルファーのほとんどは「しっかりと握れればいいんでしょ?」というくらいの認識で、それよりもバックスイングの上げ方とか、トップでのフェースの向きとか、ダウンスイングで溜めをつくるにはどういったスイングをしなければいけない、というようなことを気にしています。しかし、グリップができていないのに溜めをつくったり、正しいスイングで振ったりできるわけがないのです。建物でいえば、基礎部分が間違っていたら、まっすぐには立たないということになります。

グリップの出来はハンディキャップに比例する

「グリップがよくなればシングルになれる」と言いましたが、グリップの出来がハンディキャップに影響することを示すおもしろい傾向があります。

ハイ・ハンディキャップのプレーヤーほどグリップがうまく握れていません。逆に、ロー・ハンディキャップのプレーヤーはグリップの握りがいいのです。もちろん、プロゴルファーはうまく握っています。

このことからも、**グリップがよくなればゴルフがうまくいき、ハンディキャップもみるみる減**

っていくと言えます。

また、グリップを握る力加減も同様で、ハイ・ハンディキャップのプレーヤーとシングルプレーヤーではまったく違います。この力加減についてはあとで詳述しますが、**ハイ・ハンディキャップのプレーヤーほど力いっぱい握る傾向が強く、シングルプレーヤーほどやわらかく握っています。**

グリップはパズル

では、どのような握り方をすればあなたのスコアが伸びるのか……。残念ながら、それは私にはわかりません。私には、多くのゴルフ本のなかからこの本を手に取ってくれたあなたが、どのようなグリップの握り方をしているかを把握する術がないからです。そしてこれは、スイングにも言えることです。

グリップの握り方は10人いれば10通りあります。あなたに最適なグリップの握り方は、あなたが自分で探り当てなければなりません。自分でどんな握り方がしっくりくるのか、感じてもらうしかないのです。

不思議なことですが、**グリップは右手と左手がぴたりと合うようになっています。**そう、グリップはパズルのようなものなのです。指の長さや太さ、手の厚さや関節のやわらかさは人それぞれです。しかし、**自分なりに探求していけば、両手がぴたりと合わさる握り方が必ず見つかります。**いろいろな方法を試しては自分に合っているかどうかをフィーリングで感じ取ることが大切です。まさにピースとピースの接続点を重ね合わせるパズルのような作業です。長期間オーバーラッピングでプレーしてきて一向にゴルフがうまくならない人が、『テンフィンガー・グリップ』でプレーしたら非常に調子がよくなったということもよくあります。人によってなにが合うか合わないかはそれぞれ違うものなのです。

ゴルファーは皆、強いこだわりを持っています。特に日本人の場合、こうしなければいけないという崇高な理想像があって、頑なにそこを目指しがちです。しかし、スイングもグリップもすべてが理想どおりにはなりません。「これはダメだ」とか「この位置で握らなくちゃいけない」とか「これはみんながダメと言っている握り方だからやめておこう」といった固定概念は、一度捨て去ってください。さまざまなことを試してみて、ひとつずつ自分になにが合っているのか探していきましょう。

グリップ探しの旅に出て、どこを旅し、どの終着地にたどり着くのか、ということが大切です。

本書は、そのグリップ探しの旅をサポートするために、さまざまな理論や方法を詰め込みました。いずれかの方法によって読者の皆さんが自分にとって最適なグリップを見つけ、スイングが良化し、これまで以上にゴルフがうまくいくようになったなら、このうえない喜びです。

この本は『グリップを直すだけでゴルフが変わるから「もう一度練習してみよう」と思える』（2014年8月初版）の一部に加筆訂正し、グリップの解説や自分に合ったグリップを見つけ身に付けるためのドリルを動画撮影し、皆さんに視聴してもらうようにしました。ぜひ、ドリルを試していただき、ゴルフの上達にご活用いただければ幸いです。

第1章

なぜグリップを直すとゴルフが変わるのか
～グリップで知っておくべき20のポイント～

GRIP POINT

グリップポイント

GRIP POINT
グリップポイント

COLUMN
コラム1

GRIP DRILL
グリップ・ドリル

第2章

スイングを激変させるグリップ・ドリル

～最適なグリップを見つける22のドリル～

動画もCHECK!

「グリップ・ドリル」はすべて、動画を視聴することができます

GRIP
DRILL
グリップ・ドリル

第3章

理想のグリップを手に入れるギア・チェック

～ギアでチェックすべき10のポイント～

GEAR CHECK

グリップ・チェック

第4章

グリップができたならあとは本能でゴルフ
〜ゴルフのプレーで必要な12のメソッド〜

INSTINCT GOLF METHOD
ゴルフ・メソッド

エピローグ

■構成
出川啓太

■カバー・本文デザイン・DTP
Creative・Sano・Japan

■カバーイラスト
庄司 猛

■本文イラスト
アカハナドラゴン

■動画撮影・編集
菊原健一（日本文芸社）

■撮影協力
紫カントリークラブ
すみれコース（千葉県野田市）
松吉寛子

（注１）本書内のレッスンカリキュラムは、プレーヤーが右利きであると仮定して解説されています。レフティーの方には大変申し訳ありませんが、表記されている“右”と“左”を逆に解釈する必要があります。

（注２）本書内で紹介する『グリップ・ドリル』のなかには、クラブで地面を叩くものがあります。練習場やゴルフ場ではなく自身で購入した練習用マットなどで行うことをおすすめします。

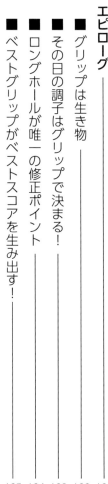

第1章

なぜグリップを直すとゴルフが変わるのか

～グリップで知っておくべき20のポイント～

GRIP

POINT

グリップを握るうえで最も大切なこと

グリップの握り方はいろいろありますが、極論すれば**「力を入れずに握ること」**が最も大切です。オーバーラッピングやインターロッキングといった〝形〟にばかり囚われてしまうと、グリップに力が入る原因になりかねません。

しかし世間では、「グリップは力を入れて握るべきだ」と考えている人や、「グリップで力を抜いたら飛ぶわけがないじゃないか」と考える人、さらには「やわらかく握ってインパクトでボールに力負けしてしまったらクラブのヘッドがブレてしまう」と考えている人もいます。つまり「グリップはしっかりと握らなければボールは飛ばない」という認識が大半を占めているのです。

しかし、ここでの〝しっかり〟とは、どういう握りを指すのでしょうか。少し曖昧な表現ではないでしょうか？

アメリカのプロツアーであるＵＳＰＧＡツアーで、シニアプレーヤーになっても飛ばし屋として活躍するフレッド・カプルスは、こんなことを言っています。

「私はグリップをとてもやわらかく握っている。それがＵＳＰＧＡツアーで飛ばし屋になれている理由だ。もしあなたが飛距離を伸ばしたいのなら、クラブがすっぽ抜けるほどやわらかく握ることだ。クラブがすっぽ抜けると思ってもなかなかすっぽ抜けないから安心してやわらかく握ってみることだ。また、私が極端なフックグリップにしているのは、これが私にとっていちばん居心地よく、力を入れずに握れるからだ」

このようにグリップは、**形から入るのではなく力加減重視**なのです。

私がレッスンでよくやることがあります。生徒さんにグリップを持ってもらい、私がそのクラブを抜こうとしますが、ほとんどの生徒さんのグリップは抜けません。つまり、力を入れて握っているということです。そこで、今度は私がクラブを握って、それを生徒さんに引き抜かせると、簡単に抜けるのです。そのとき、彼らは決まってこう言います。

「え？　こんな握りの強さでいいんですか？」

それくらい緩くグリップを握ることが大切です。世間のほとんどのアマチュアゴルファーがグリップを力任せに握っています。「飛ばない」と嘆くゴルファーは100%、必要がないくらい強くクラブを握っている。グリップをやわらかく握ると、スイングの途中でクラブがすっぽ抜けて飛んでいってしまうことが怖くて仕方ないのです。クラブの構造上、そういったことはめったに起こるはずがないのですが……。

本当にやわらかく握ることができれば、だれでもすぐにシングルプレーヤーにはなれるでしょう。

GRIP POINT 01

グリップの構造を知ればやわらかく握る〝勇気〟をもてる

力を入れてグリップを握ってしまう原因のひとつに、「クラブが手から抜けるのではないか」という心配があります。それで「力を入れて握らなければ」と思うのでしょう。

しかしこれは、**グリップの構造**を理解すれば解決されます。グリップは、**グリップエンドに向かうにつれて太く**なっています。すでにグリップエンドよりも細い部分を持っているわけですから、スイングによって遠心力がかかりクラブが外（ヘッド側）に逃げようとしても手に引っかかって抜けるわけがないのです。なおかつ、ゴムやシリコンでできているので、そもそも抜けにくい素材なのです。力を抜くことは、恐怖心が付きまとうのでしょう。「クラブが抜ける」だけでなく、「当たってもまったく飛ばなくなってしまう」など力を抜くことを怖がってしまうのです。

この恐怖心をぬぐえず、力を抜くことができずにゴルフ人生が終わってしまう人があまりに多すぎます。前述のようなグリップの構造上の特徴を知っていれば、安心して力を抜いて握ることができるでしょう。

下のイラストのように、力いっぱいグリップを握ってスイングすると、ガチガチのスイングになってさまざまなミスを誘発する。グリップはグリップエンドに向かって太くなっているので、遠心力がかかっても抜けることはない。思い切ってやわらかく握ってみよう

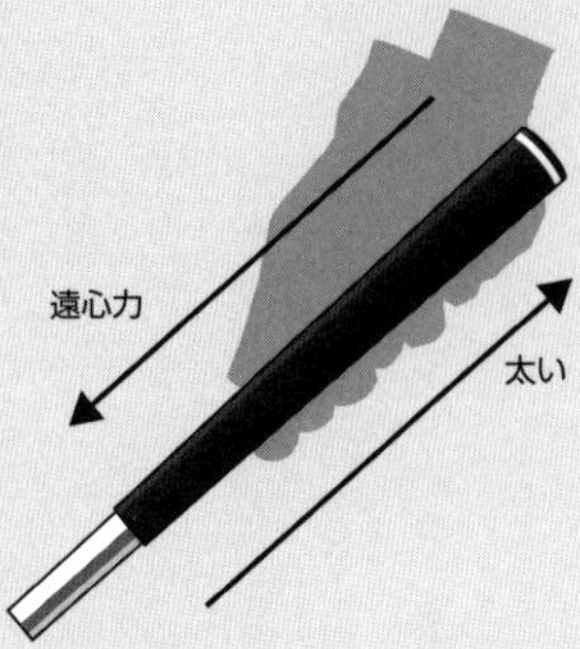

GRIP
POINT
02

ゴルフボールは卵より軽い!?

「グリップをやわらかく握っていたら、ボールに当たり負けしてフェースがグラついてしまう」と思うアマチュアゴルファーが多い、と言いました。冷静に考えてみればすぐにわかることですが、ボールに当たり負けすることはあり得ません。

ゴルフは視覚に左右されるスポーツです。それでボールが鉛のように重たいものだと錯覚して「思い切り叩かなくては飛ばない」と思ってしまう傾向にあります。

しかし、**ゴルフボールの重さは、実はたったの45・93グラム以下です。この重量は、卵（1個約67グラム）よりも軽いのです。**実際に計ってみると実感が湧きやすいかもしれません。

そんな軽いボールを、しかも止まっている状態で、はるかに大きいヘッドで打って当たり負けすることがあるでしょうか。そのようなことは絶対にあり得ません。ところが人間の脳内の感覚器官というものは、聴覚や触覚よりも視覚から得る情報を優先するものです。白くて固いゴルフボールが重そうに見えてしまうのも仕方ない部分はあります。

ですから、どうしても打つ前に身体から力みが消えない場合は、ボールを打つときに「ゴルフボールは卵より軽いんだ！」ということを自分に言い聞かせてください。クラブをやわらかく握っても、遠心力を使って楽に打てばボールは飛ぶということを頭にイメージさせてアドレスに入るのです。そうやって力を入れないグリップでの成功体験を得ることで、身体に徐々に覚え込ませていきましょう。

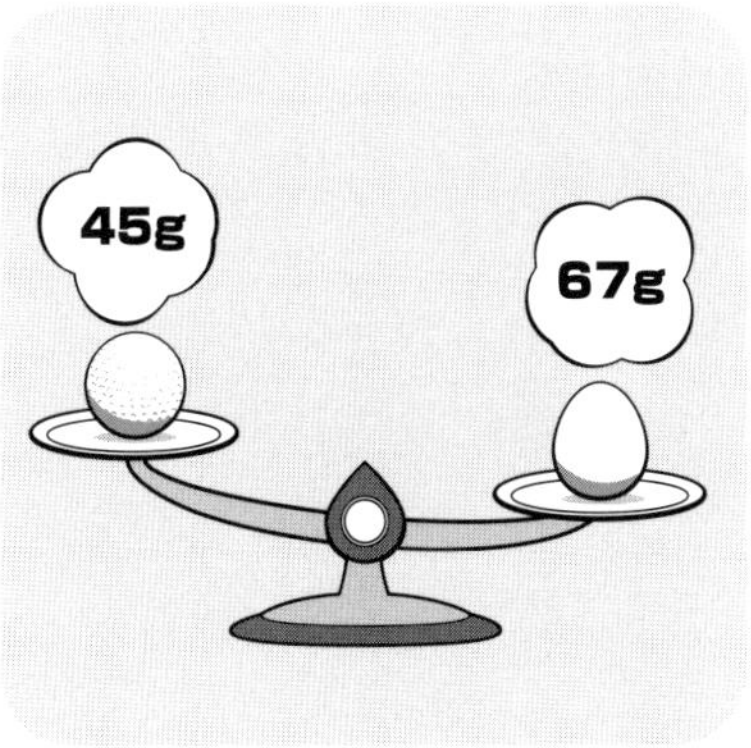

GRIP POINT 03

五円玉の動きに学ぶグリップの力加減

あなたは、五円玉を紐に吊るして回したことがありますか？　回し始めた頃はいびつな円を描きながら五円玉は回りますが、徐々に遠心力がかかり、とてもきれいな円を描くようになります。このとき、紐を持っている手はどのようにしているでしょうか。**力を入れて振り回すことなどせずに、指と手首の力を抜き、ただ遠心力に従ってフラフラ身を任せているだけ**です。それだけで五円玉は、とてもきれいな円の軌道を描いてくれます。

グリップもこの現象に非常に似ているわけです。**やわらかく握って遠心力を使ったほうが、きれいなスイングプレーンになり、打ったボールはまっすぐ遠くに飛ぶ**のです。ところが、ほとんどのアマチュアゴルファーは、その五円玉の回し方でいえば、力を入れて思い切り振り回す方法を選んでいます。一生懸命に振り回すと軌道がいびつになって一定に定まりません。これと同じで、一生懸命にクラブを握って振り回すから、スイングの軌道が定まらないのです。自然体が描く円軌道の要素をグリップにも応用しましょう。

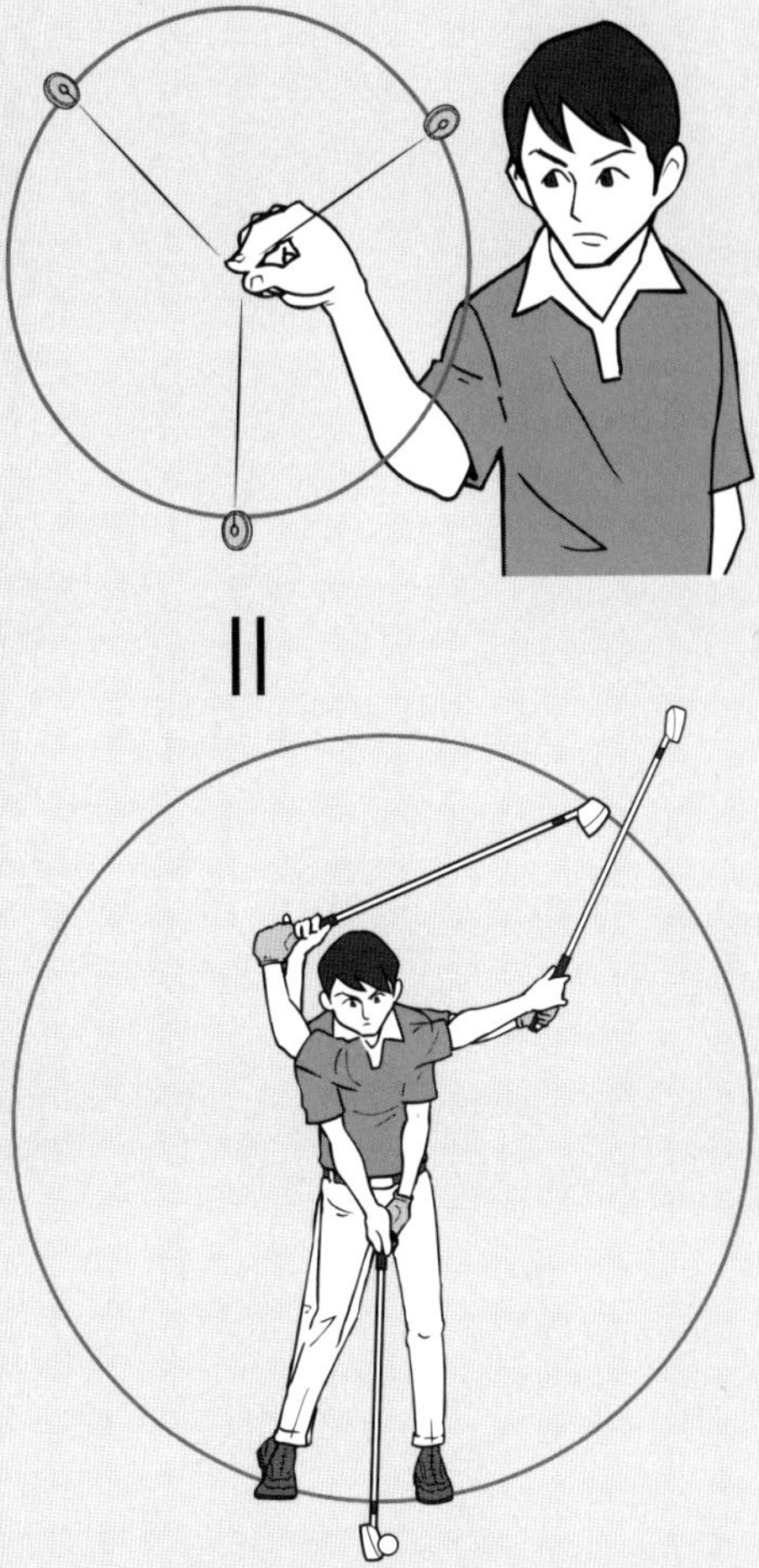

紐を持つ指先がグリップで、五円玉自体がクラブヘッド。五円玉の動きをスイングプレーンと重ねてみるとわかりやすい。力を入れないグリップを中心とすれば、クラブヘッドは自然ときれいな円を描くのだ

GRIP
POINT
04

力が入るとボールは飛ばない

ゴルフのスイングには、ボールを飛ばすためのエンジンが3つあります。1つ目は身体のターン、2つ目は腕のスピード、3つ目は手首のスナップになります。しかし、アマチュアゴルファーのなかには、身体と腕は動かしていても、手首を使えていない人が非常に多くいます。

手首を使えるとなにがいいのかというと、**腕のスピードに手首のスナップも加わるのでヘッドスピードが非常に速くなります。**それに対して、手首を使えないと腕からヘッドにかけてのスピードが加速しません。だから、ボールが飛ばない。

つまり、ボールを飛ばそうと思ってグリップを強く握った結果、手首を固定してしまい逆にボールが飛ばなくなってしまうわけです。

たとえば野球のボールを遠くに投げるときに腕だけで投げますか？　手首のスナップも使って投げるでしょう。布団を叩くとき手首を固定して叩きますか？　手首のスナップを利かせるでしよう。

ところが、ゴルフになると途端に力が入ってしまい手首のスナップがなくなってしまう。これは遠投や布団叩きとは違い、ゴルフが小さなボールを打つという一点に意識を集中させる競技だからです。「この小さいボールにクラブのヘッドを当てなければいけない」と思った瞬間に、手首のやわらかさは失われてしまいます。手首のスナップを利かせるとボールにうまく当たらないのではないか、と人は考えてしまうものなのです。

当てようと思ったり、遠くへ飛ばそうと思ったりして、しっかりとグリップを握ることで、結果的に手首が使えずボールが飛ばない。スイングプレーンもいびつになってミート率が下がる。このような悪循環を生み出していることに気づかなければ、いつまで経ってもボールを遠くへ飛ばすことはできません。

GRIP POINT 05

なぜジュニアや女性は簡単にうまく打てるのか？

ジュニアの頃はグングン上達して大会で優勝していたような子どもが、高校生くらいになると伸び悩むというケースがあります。実は、これも力みが原因で起こることが多いものです。ジュニアの頃は握力がないので、そもそも力いっぱい握ることができません。どちらかの手が強すぎるために生じるアンバランスも少なく、**左右の手の力が均等**に近い状態なっています。「左手をリードさせて」といった余計な知識もない。そのため、自然と**力に頼らないグリップ**になり、手首もうまく使えます。スイングプレーンがいびつになることもないですし、フェースもスムーズにターンするのでうまくボールをヒットできるのです。

しかし、それが高校生くらいになると力が付いてきて、パワーに頼るようになる。どちらか一方の手が強くなりすぎたり、両手ともに力を入れすぎたりして、それまでできていたスイングが崩れ、より遠くへ飛ばすどころか、ミスショットが多発してしまうのです。

女性の場合も同じ理由になります。一般的な女性のショットを見たことがある人はわかると思いますが、〝パコーン〟というやわらかい打球音になりますよね。破壊力はないのですが、ボールの軌道はまっすぐ。なぜスライスやチーピンにならないのかというと、やはり**余分な力みがないから**です。女性もジュニアと一緒で男性に比べて握力があまりなく、力を入れてスイングしないので、きれいな円運動になるのです。

もうひとつ、ジュニアがうまく打てる要因があります。ジュニアのプレーを見て「うまいな」「飛ばすな」と思うことがあるでしょう。自分のほうが経験では上回っているはずなのに、なぜかジュニアのほうがうまく打てている。それは、ジュニアはあれこれ考えずに、ただただボールを打っているからです。知識や決まりごとより先に「ボールを打つ」「目標に飛ばす」に集中している証拠です。

しかし大人は、まずレッスン書などを読んで知識を得たり、人にアドバイスを求めたりするので、初めから自分の感じるままにプレーすることがないのです。もともともっている感覚に蓋をしてしまっているので、自然なスイングをしようとしても頭の中に溢れている知識が邪魔をして、自然なスイングができなくなっています。**一度、頭の中を空っぽにして余計なことは考えずにクラブを右に引き上げ、左に振ればいいのです。**

GRIP POINT 06

目安は今の握りの〝半分〟の力

先に書いたとおり、「こんなやわらかい握りではクラブが飛んでいってしまうのではないか?」とか、「ボールにクラブが当たったときに、その衝撃でクラブがグラついてしまうのではないか」と不安に思うために、多くの人は力いっぱいにグリップを握っています。
「おれはクラブをやわらかく握っているよ!」と言う人でも、実際には結構な力が入っているものです。

では、どの程度の強さで握ればいいのでしょうか? おおよその目安ですが、思い切り力を入れて握った状態を〝100〟とすれば、〝30〟で握っているのがプロゴルファーです。この力感で握ってスイングするのは至難の技です。

目標は〝50〟の力で握ることです。生徒さんには「いま握っている強さの半分で握ることを目標にしましょう」と言います。

読者の皆さんもぜひ、今の半分の力で握るように努力してください。

GRIP POINT 07

やわらかいグリップは飛距離アップにも直結！

前述のとおり、スイングには飛ばすためのエンジンが3つあり、**1つ目は〝身体〟、2つ目は〝腕〟、3つ目は〝手首〟**になります。

多くのプレーヤーは、飛ばそうと思って一生懸命に身体と腕を動かします。しかし、**3つ目のエンジンである手首はまったく使えていません。**ですから、思ったよりもボールが飛んでいかないのです。

一生懸命に振ろうとすればするほど、グリップを強く握ってしまいます。その結果、手首が動かずにヘッドが走らないことが原因です。

今よりも少しでも飛距離を伸ばしたいと思うなら、まずはグリップをやわらかく握ってください。それが3つ目のエンジンである手首をフルに活かせる方法なのです。

GRIP
POINT
08

手首はいくら使ってもOK

多くのゴルファーが「力を入れれば遠くへ飛ばせる」という呪縛にかかってしまいます。そして、人間の身体は不思議なもので、飛ばそうと力を入れると身体が硬直してしまいます。この原理は、この本のテーマであるグリップに、特に反映されます。

手首を柔軟に使うことでシャフトがしなり、その結果ヘッドが走ってボールを弾くことができます。グリップに力が入っていてはクラブの特性を最大限に活かせず、ボールを弾くことができません。無駄な力を込めてしまえば、スムーズなクラブの動きを邪魔することになるからです。

では、どのようなグリップを心がけるべきでしょうか。何度も言うようですが、**〝手首をやわらかく使える〟グリップが正解**です。人間は、なにか道具を使ってものを打ったり叩いたりするときには、自然と手のひらで握ります。それは、手のひらで握ることにより手首が固定され、目標物（ボール）に正確に当てられることを知っているからです。しかし、それでは当てやすくなるだけで、ボールを遠くへ飛ばすことはできません。パッティングのように飛ばす必要のないものは手のひらでグリップを握るほうが安定します（詳細は62ページで解説）。ところがドライバーやアイアンのようにショットで距離を出す場合は、手首のスナップを使ってボールをより遠くに飛ばす技術が必要です。手首を固めてしまうと、飛距離ロスだけでなく、スイングプレーンに乗らずにダフりやトップなどのミスショットさえも引き起こします。

また、グリーン周りのアプローチでダフってしまう原因も、大半は右手のグリップにあります。短い距離で「ボールに正確に当てたい」という心理が働くと、グリップを握り締めてしまい、その結果、右手首が硬直してダフってしまう。皆さんも、何度も経験があるのではないでしょうか。

これはバンカーショットにも同様のことが言えます。「バンカーから出すには力が必要だ」と親の仇《かたき》のようにクラブを振るアマチュアゴルファーは非常に多くいます。しかし、ヘッドを走らせることが大切なバンカーショットで、力任せにクラブを握り締めると、手や腕が硬直してボール手前の砂にクラブヘッドが深く入り、振り抜けなくなり、結果としてバンカーからボールを出せません。

力まず、手首をやわらかく使えるグリップ。これこそが飛距離を出し、ボールやクラブの軌道を安定させることができる方法なのです。

GRIP POINT 09

人間は〝当てる〟能力に優れた生物である

グリップに力を入れてしまう原因に、「しっかりと手首を固定していたほうがボールに当たるのではないか?」という疑念が浮かぶことが挙げられる、と書きました。確かに、ブラブラで不安定な状態よりも、余分な動きをせずに手首を固定した状態のほうがボールには当てやすいでしょう。

しかし、**ゴルフはクラブにボールを当てるスポーツではなく、振り抜いてボールを飛ばすスポーツ**です。ですから、安定してボールに当てる能力だけではプレーできないのです。

プロゴルファーや周りにいる上級者を見てください。気持ちよく振り抜いて、しっかりとミートしてボールを飛ばしていますよね。それは、**力を入れなくても振り抜けばボールは飛ぶということを頭と身体で認識している**からです。

人間という動物は両手を自由に動かし、指まで器用に動かせるように進化しています。大昔の人間は、狩猟で生活の糧を得ていました。そのため、狙った的《まと》にモノを当てる能力が優先して進化してきたのです。この能力があるからこそ人間は、ほかの動物より脚が遅くても、遠くからモノを投げながら獲物を狩ることができ、生き延びられたと言われています。

そのことからも、人間だれもが標準装備している能力を使えば、ボールにヘッドを当てることは難なくできるはずです。

「こんなにやわらかく握っていてしっかりと当たるのかな？」という先入観は捨ててください。「ボールに当てるぞ」と力むのではなく、**力を入れずにグリップして自分のリズムでスイングするだけ**です。きっちりとスイングプレーンに乗り、腕や手首、シャフトのしなりが自然と使えて、ミート率も上がる。これで今までより飛ばないわけがありませんよね。

ここまで、理想のグリップは〝力の入らない握り方〟である理由や、多くのアマチュアゴルファーが力いっぱいにクラブを握ってしまう原因を追及してきました。

グリップについて理論的な部分が理解できたところで、次項からは、どのように握ることが望ましいのかなど、実践的な部分について解説していきましょう。

GRIP
POINT
10

左手グリップの基本の〝き〟

極論すれば、**左手グリップは右手グリップよりもアバウトな握りで大丈夫**です。その代わり、右手のグリップについては、かなり気を遣って握る必要があります。初めから両手ともにやわらかく握ろうとしても、不安でなかなか難しいと思います。そこで、左手のグリップは多少の力が入っても仕方ないくらいの気持ちでいいでしょう。

左手のグリップは、指先でクラブを握っても、手のひらで握っても、どちらでも構いません。自分にとって力が入らずに居心地のいい握り方を見つけてください。

左手グリップで注意すべき点は、**左手のひらの小指の下のふくらみをグリップの上に乗せることです。**手のひらのくぼみの部分でグリップがはまるように握ってしまうと、手首のスナップが使えなくなってしまうので気をつけましょう。

「左手は小指、中指、薬指の3本で握りなさい」と世間一般でよく聞かれる左手のグリップですが、私はこの握り方が必ずしも正しいとは思いません。小指の力を抜いたほうが居心地がいいなら、それでもいいでしょう。**どの指で握るかよりも、やわらかく手首を使えることが最優先**だからです。

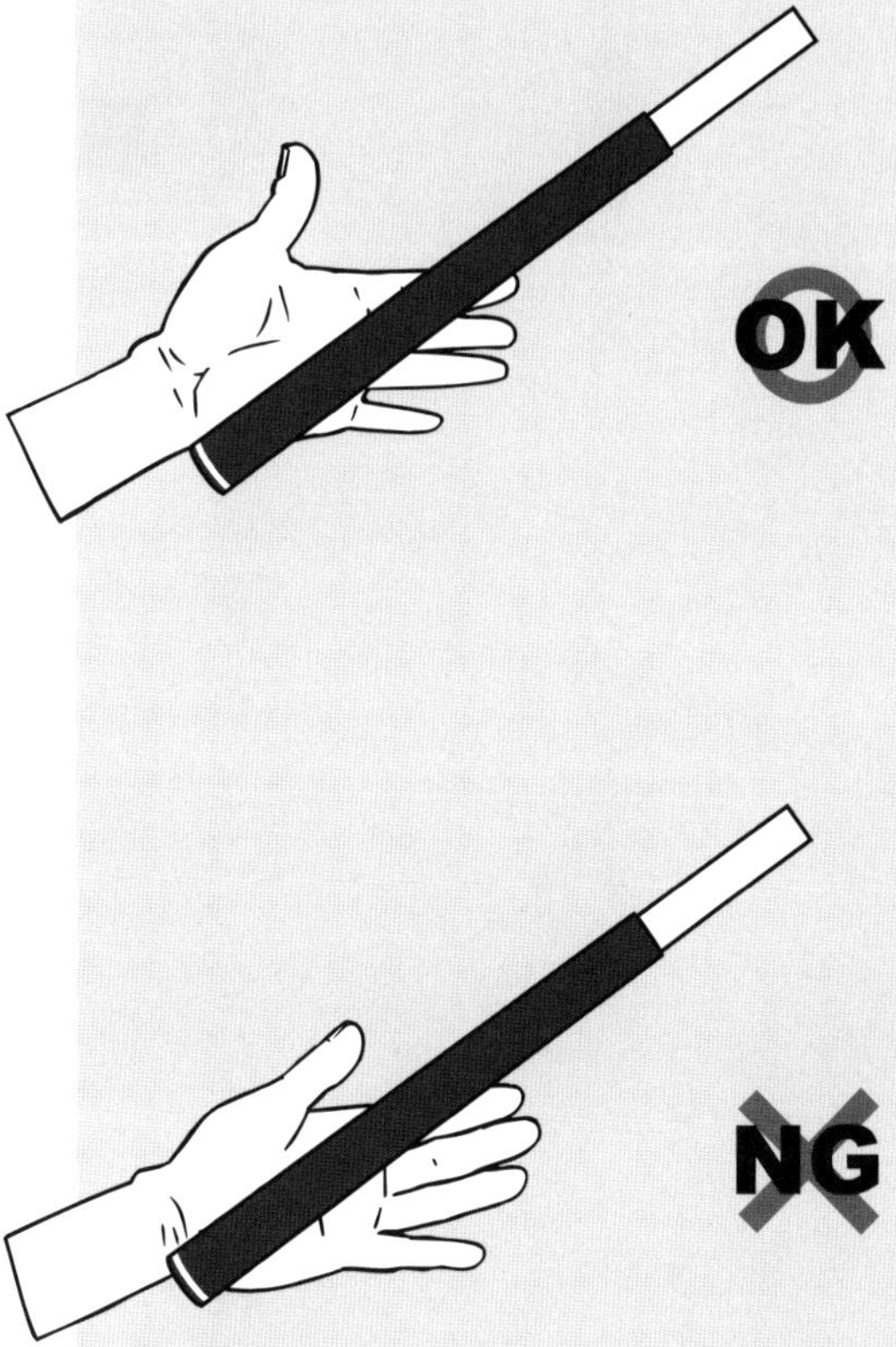

手のひらのくぼみにグリップがはまると、手首の動きが制限される原因になってしまうので注意が必要だ

GRIP
POINT
11

左手の親指の先端を立てるとコックが殺される

当たり前のことですが、手の大きさや指の長さは人それぞれ違います。そのため、手首がやわらかく使える握り方は人によって違います。私が「グリップは人それぞれ」と言うのも、そのためです。ですが、もうひとつだけ、左手のグリップを握る際に大切になるポイントがあります。

それは、**親指の先端（爪）を立ててクラブに添えないこと**です。ゴルフはトンカチを叩くように手首をコックさせなければいけません。コックとは**グリップした状態から左手首を親指方向に曲げた状態**を指します。親指の先端（爪）を立ててクラブに添えると、テイクバックで親指が反らなくなってコックができなくなります。また、親指に無駄な力が入ることにもつながり、その結果、手首にも力が入ってスイングスピードが落ちてしまうのです。

スイングスピードを速くさせるためには、親指の腹全体を軽く添えるようにすることです。そうすれば、余計な力をかけず手首もやわらかく使えます。指の腹を添えることでクラブ全体の重みを感じながらスイングすることを心がけましょう。

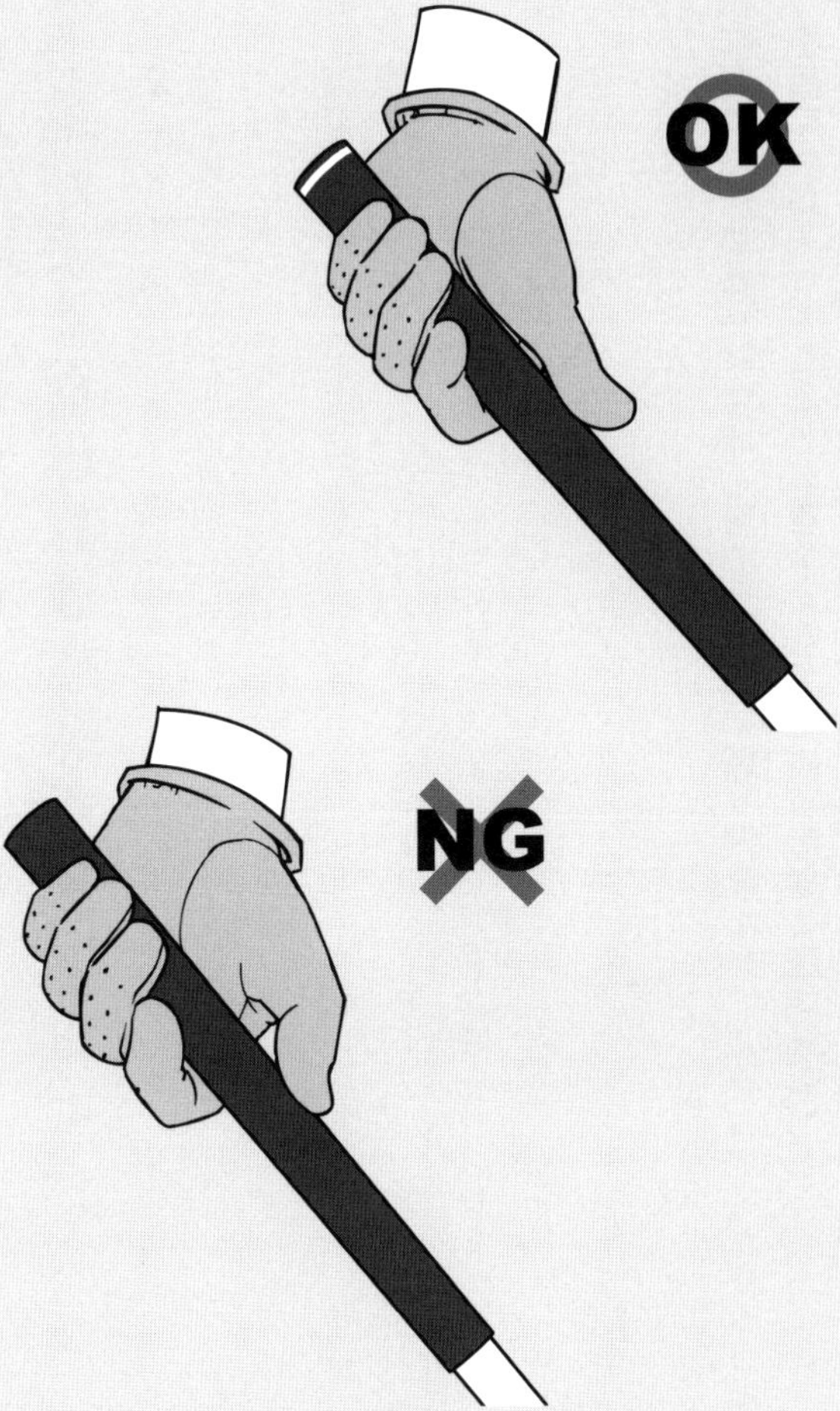

親指の第二関節を曲げ、先端を立てるようにしてグリップに添えると、手首の動きが制限されてコックができないだけでなく、手全体に無駄な力が入る原因になってしまう

GRIP POINT 12

居心地がよくなければ意味がない！

ゴルフの雑誌や書籍などを見ていると、『ウィーク・グリップ』『スクエア・グリップ』『ストロング・グリップ』という言葉を目にします。どれがいいのか？という企画もよく見ますが、ひと口に優劣をつけることはできません。なぜなら、ウィークでもストロングでも、**結果的に自分にとって居心地のいいグリップでなければ意味がない**からです。

学生時代に、来日したフレッド・カプルスをサポートする機会がありましたが、彼は人柄もプレースタイルも非常に個性的でした。『ブンブン丸』というあだ名のとおり、飛ばし屋だった彼は、左手の甲が空を向くほどのストロング・グリップ。そのグリップを使う理由を聞くと彼はこう答えてくれました。

「私にとってはこれがいちばん居心地のいい握り方なんだ。スクエア・グリップを一度試したけど、手首に力が入ってしまってうまくボールに当たらなかったよ」

また、カプルスは著書『Total Shotmaking』で次のように書いています。

「すっぽ抜けるほど軽くグリップする。これがPGAツアーのなかで飛ばし屋と言われる理由だ」

「ゴルフはある程度いい加減さが必要だ。そんなに突き詰めてはいけない。そう思えば力も入らず、イライラもしなくなるもんだよ」

この言葉を、私からもこの本の読者の皆さんに贈ります。

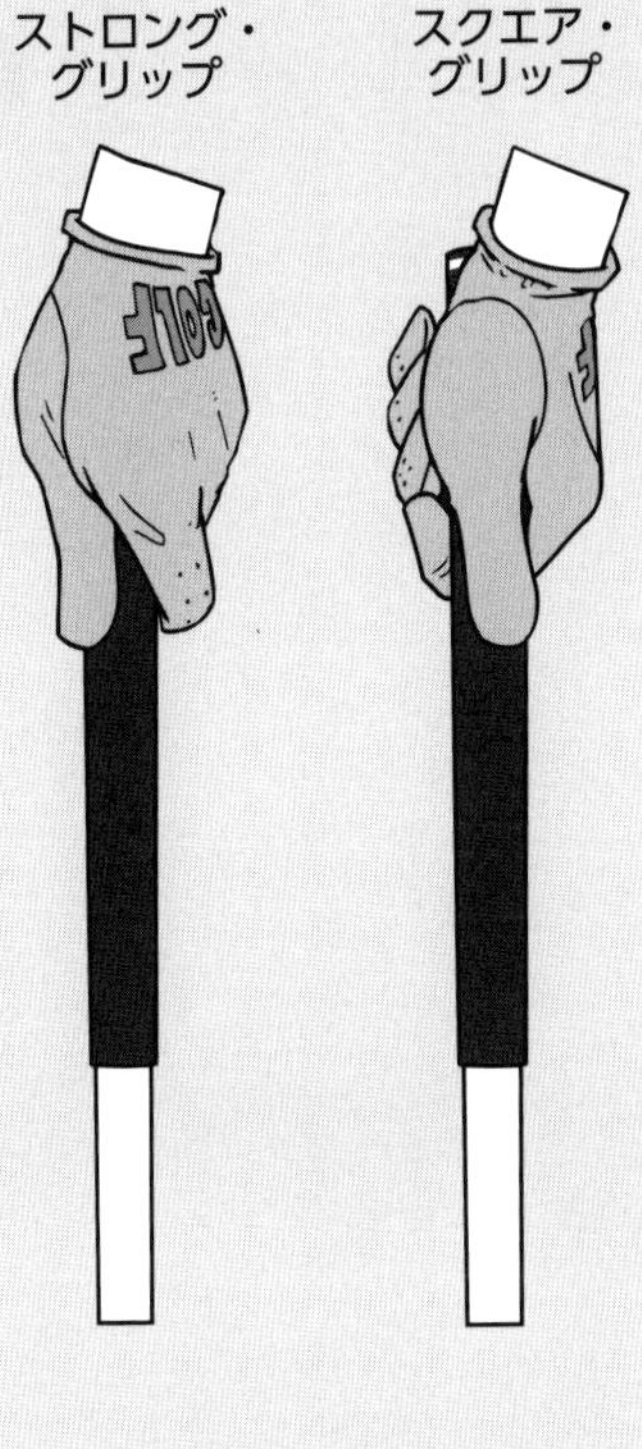

上記２種類のイラストは一般的な左手グリップを示しただけ。どの角度で握るのがベストかは千差万別。106〜107ページのグリップ・ドリル19『左手グリップ・チェック』などを使って、自分に合った形を見つけよう

GRIP POINT 13

右手グリップはスイングのエンジン

よく「スイングは左手が大切だ」と言われますが、私の理論では右手のほうがはるかに重要です。**右手はスイングにおけるエンジンです。**このエンジンが利かないかぎりボールは飛ばないし、スイングプレーンにも乗りません。したがって、グリップは左手よりも右手にこだわるのです。

次項で詳述しますが、右手グリップでまず大切になるのが、**指先を主体にしてグリップに〝引っかける〟イメージで握る**ことです。買い物（トート）バックを持つとき、無意識で持ち手を指先で引っかけて持ちますよね。その持ち手がかかるポジションでグリップを持つと、最も効率よく手首が使える握りになるのです。

また、別の例としては、野球のボールを投げることとも似ています。野球のボールを投げるとき、指先で握っていますよね。指先で握って投げることで自然と手首が使え、ボールのスピードも出て、方向も定まります。もしボールを手のひらで握って投げたとしたら、手首が使えないために方向は定まらず、スピードもまったく出ないのです。

右手を指先主体で握ると、クラブを操作しにくくなりボールに当てにくいと感じてしまうのか、10人中9人のアマチュアゴルファーがこのグリップができておらず、自然と手のひらに近い部分で握ろうとしてしまいます。確かに、**手のひらでクラブを持つことで手首が固定されればボールに当てやすくはなりますが、それでは飛ばせなくなってしまう**のです。

それを解消するためには、指先主体のグリップに慣れるしかありません。次項より、右手グリップの握り方や、そのポイントについて解説していきます。右手グリップについての知識を深めつつ、練習に励んでください。

グリップの練習は家でテレビを見ながらでも可能です。日々、少しずつでもいいので、指先主体で握るグリップを練習してください。くり返し行うことで、不安定な感じも解消されてくるでしょう。

GRIP POINT 14

右手は〝引っかける〟がキーワード

前項にも書いたとおり、右手のグリップは非常に重要です。私がレッスンで見てきた多くの生徒さんが伸び悩んでいた原因はそこにありました。**右手のグリップさえよければ、ほかの部分が多少悪くてもうまくいく。**そう言えるほど大切なのです。

右手は指先でグリップして、握るというよりも引っかけるイメージです。なかなか上達しないゴルファーは、ほぼ全員が右手のひらで握っています。この握り方では、必然的に手や腕に力が入ってしまい、ダフりやトップなどのミスも起こりやすくなります。指先主体でグリップすることにより、手や腕に余分な力が入ることなく、手首をやわらかく使えるようになるのです。

左ページのOKイラストのように、**各指の付け根よりも指先に近い位置をグリップに添えましょう。たとえ1ミリでも手のひらにグリップが入ってしまうと手首が硬くなるので注意が必要です。**「指先だけで大丈夫?」と思われるかもしれませんが、そのくらいの感覚がベスト。握る、というより、〝引っかけているだけ〟という感覚です。

指先で握る感覚はすぐに身につくものではありません。初めのうちは違和感や頼りない感じがするかもしれませんが、自分のものになるまで何度も何度もくり返し練習しましょう。

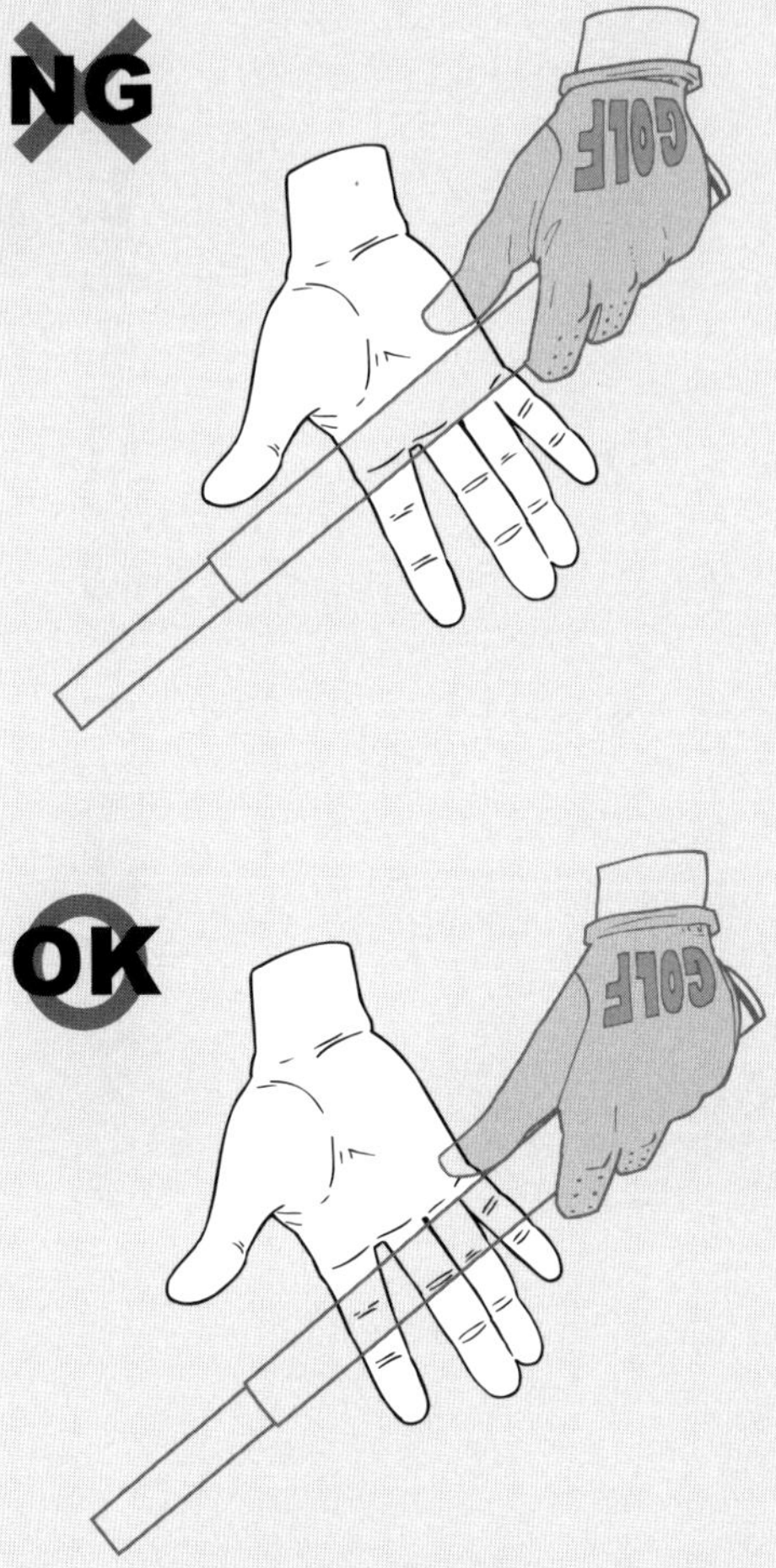

グリップが少しでも手のひら側に入り込んだら、やわらかく手首を使えるグリップにはならない、と言っても過言ではない

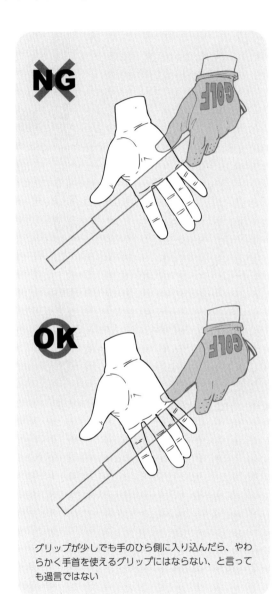

GRIP POINT 15

握り方と右手首の動きの関係を知ろう

右手のグリップを、手のひらで握った場合と、指先主体で握った場合、どちらが手首をやわらかく使えるのかを体感できるドリルがあります。左ページのイラストを参考に試してください。

まず、右腕を伸ばして右手を肩の高さまで上げます。そして右手を握り締めてグーをつくります。次に、パートナーに力を入れたままの右手拳を左右に動かしてもらいます。ほとんど動かないでしょう。

続いて、先ほどと同じように右腕を伸ばして右手を肩の高さに上げます。手のひらは開いたまま、指先だけを曲げます。このとき、曲げた指には力を入れてください。

そして、パートナーに力を入れたままの右手を左右に動かしてもらいます。グーのときよりも手首は簡単に動くはずです。

この実験でわかるとおり、**指先主体でグリップしたほうが右手首の可動域は広がる**というわけです。

拳をグーにした場合

指先だけを曲げた場合

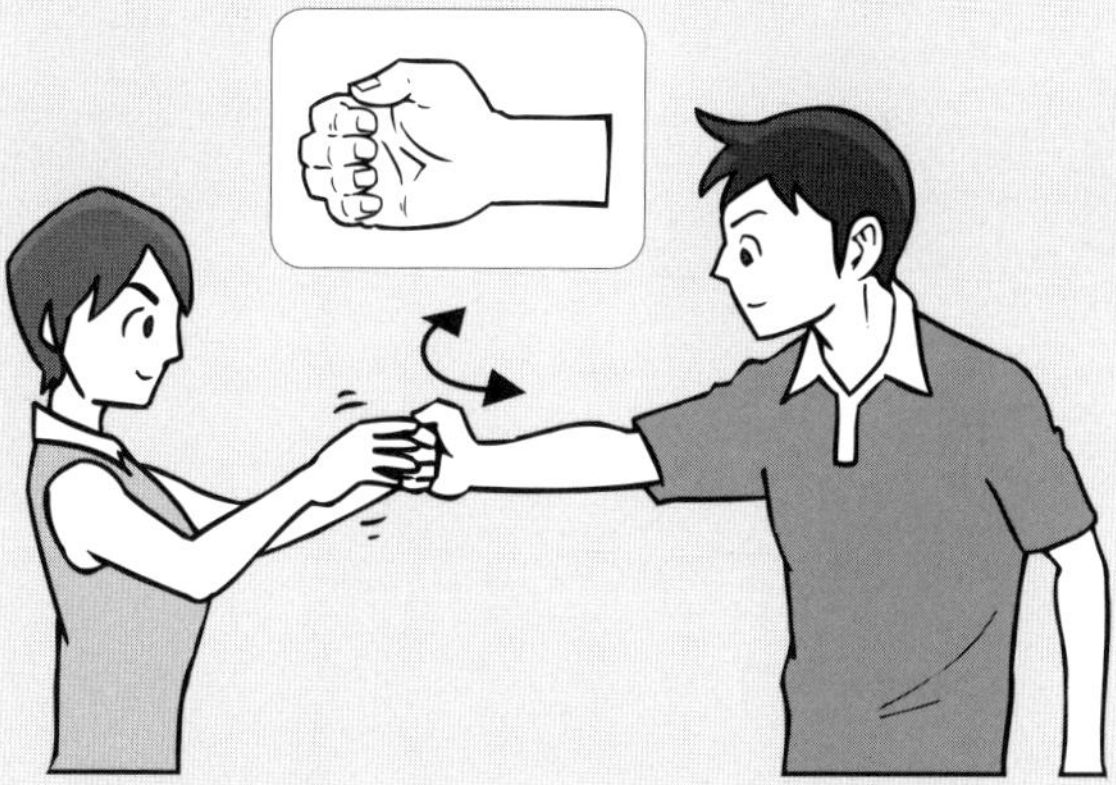

手のひらで握るのと、指先だけで握るのと、どちらが
手首を固くしてしまうかが一発でわかる実験だ

GRIP POINT 16

意外と重要な右手の親指の添え方

右手のグリップの握り方について説明してきましたが、さらに細かいポイントに**親指の添え方**があります。

皆さんは、右手の親指をどのようにグリップに添えているでしょうか？

右手の親指の添え方は大きく分けて2パターンあります。ひとつは、指の腹をグリップにあてがうようにして親指をグリップの真上に添えるパターン。もうひとつは、親指をクラブの左側に外して添える方法です。

どちらの親指の添え方が正解なのでしょうか？　それは、**スイング中に右手の親指に力が入らず、自分で振りやすいと感じる添え方**です。それがあなたにとっての正解となります。人によって、指の長さや関節の太さは異なります。ですから、この握り方をすればうまくいく、と一概に言うことはできないのです。

ただし、ひとつだけ「これはおすすめできない」という形があります。

右手の親指をグリップにあてがわないで握る方法です。右手の親指をグリップから離した状態にすると、なんとなく力が抜けていい感じに思えますが、この方法でスイングをした場合、たいていはダウンスイングもしくはインパクトの寸前で親指をグリップにギュッと付けて力を入れてしまいます。すると、スイングプレーンが崩れてダフりやトップなどのミスにつながってしまうのです。

親指は最初からグリップに添えていたほうがいいでしょう。そのうえで、グリップに沿ってまっすぐ添えるのか、グリップから外して人差し指の先端とくっつけるのか。自分にとって力の入らない、居心地のいい方法を選択してください。

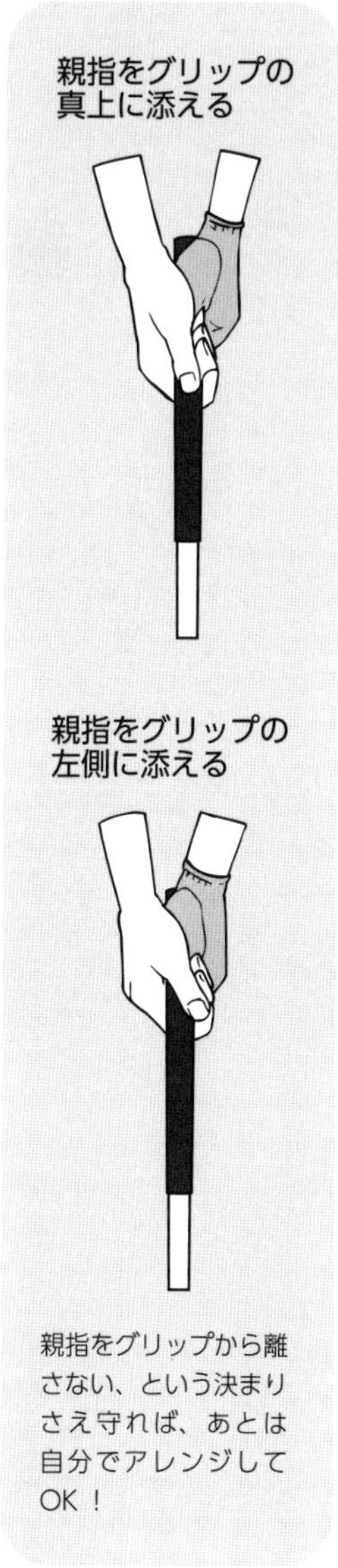
親指をグリップの
真上に添える
親指をグリップの
左側に添える
親指をグリップから離さない、という決まりさえ守れば、あとは自分でアレンジしてOK！

GRIP POINT 17

指の間隔がスイングバランスを左右する

グリップを握る際に、**指と指の間隔**を意識したことはありますか？　ほとんどのアマチュアゴルファーは考えたこともないでしょう。

実は、この指の間隔も、グリップをやわらかく握るうえでとても大切なポイントになるのです。具体的には、ふたつのタイプのプレーヤーがいます。指と指の間隔を詰めて握ったほうが力が入らず手首をやわらかく使えるプレーヤーと、指と指の間隔を空けて握ったほうが力が入らないプレーヤーです。どちらが自分に合っているのか？　また、どの程度、指と指の間隔を空けたらいいのか？　これはいろいろなパターンを試してアレンジする必要があります。

ただし、ひとつだけ共通する注意点があります。それは、**右手の人差し指と中指の間隔だけは空けないこと**です。ここの間隔を空けると人差し指に力が入ってしまいます。ゴルフは内側の筋肉を使うスポーツで、外側にある親指や人差し指に力が入ると外側の筋肉を使うことになり、スイングがバラバラになってしまうので注意が必要です。

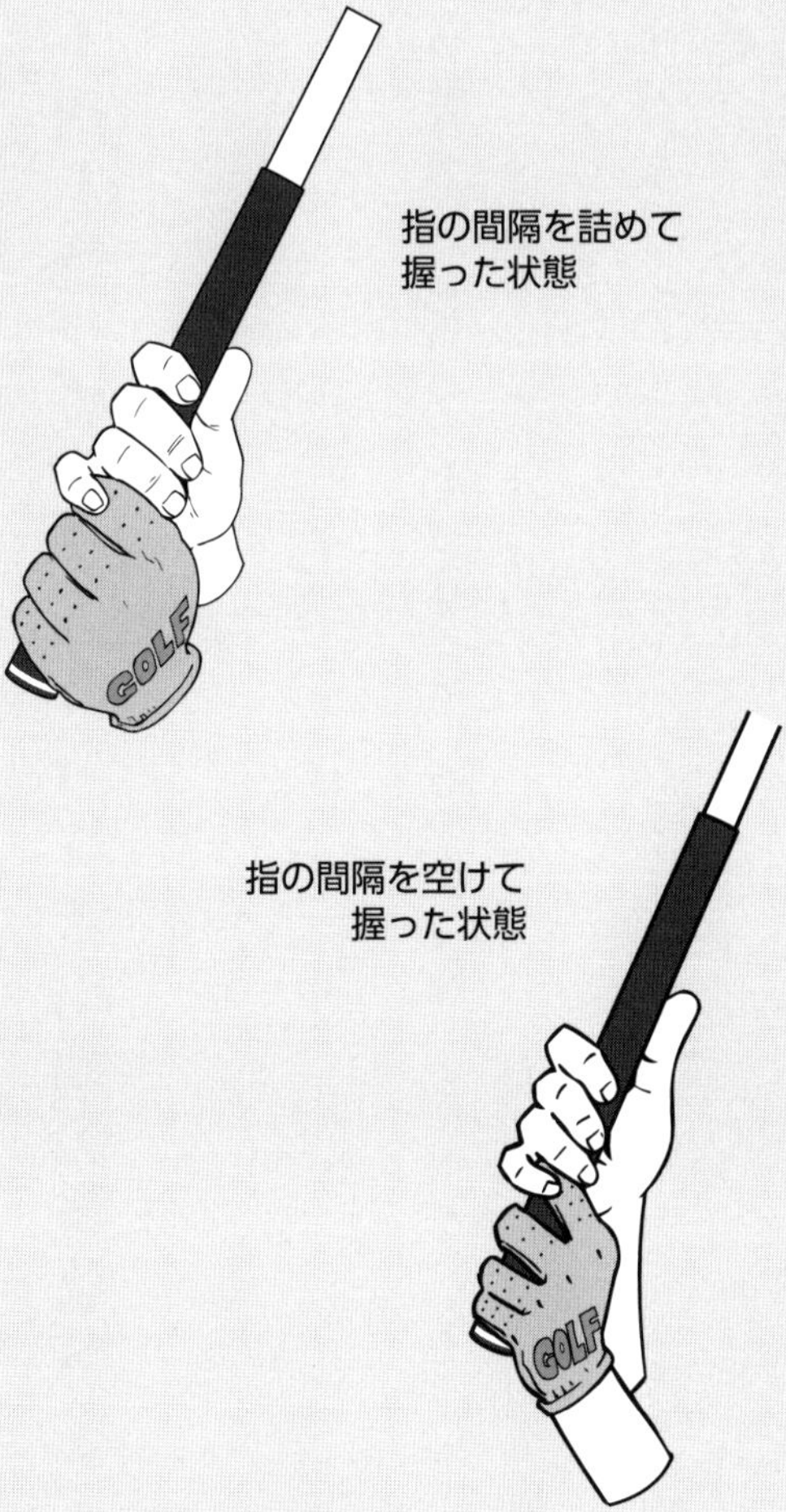

指と指の間隔を詰めて握ることが一般的になっているが、あなたにとって居心地がいいとは限らない。さまざまなパターンで試し打ちをしてみよう

GRIP POINT 18

オーバーラッピング・グリップで小指の乗せ方を工夫する

右手の小指を左手の人差し指と中指のあいだの溝に乗せる握り方を『オーバーラッピング・グリップ』と言います。これは最も多く使われているグリップで、ゴルファー全体の約7割がこのグリップです。

この握り方は、右手の力を抑えるため、右手の力が強い人に向いています。ところがプレーヤーによっては、右手の小指を左手の人差し指と中指のあいだの溝に入れることで逆に右手に力が入ってしまいます。

原因は右手の小指の添え方にあります。右手の小指を人差し指と中指のあいだの溝に入れることで握りづらくなり、余計に力が入ってしまうのです。このようなプレーヤーは、**溝にはめるのではなく、右手の小指を左手の人差し指の上に乗せて**みてください。

小指が短い人は、さらに工夫が必要です。多くのプレーヤーは、小指の第二関節までを左手の人差し指に巻くように握りますが、**第一関節までをあてがう方法**でも問題ありません。大切なことは、手首をやわらかく使えることです。巷で紹介されている形に囚われず、自分に最適な形にアレンジしましょう。

「溝に小指をはめる」というセオリーに囚われず、
自分の手にしっくりくる形を見つけ、力の入らない
グリップを見つけ出すことが大切な要素となる

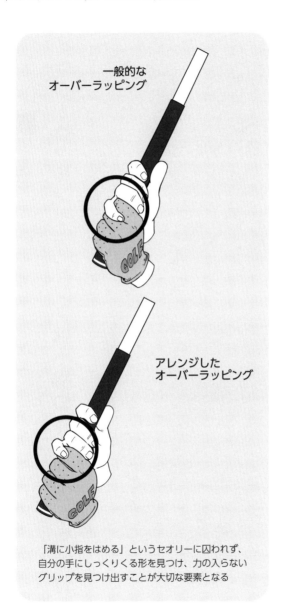

GRIP POINT 19

インターロッキング・グリップは小指の絡ませ方が生命線

『インターロッキング・グリップ』とは、右手の小指と左手の人差し指を絡ませる握り方です。オーバーラッピングよりも右手に力が入りやすい握り方で、右手の力が弱い人や両手の握力が弱い人が使うと言われています。

インターロッキングの特長は、両手を一体化して使えるところにあります。ところが、右手の小指と左手の人差し指を深く、しっかりと絡めると、右手グリップが手のひらに入ってしまい、手首がやわらかく使えなくなります。ですから、**小指を少し抜いて（浅く絡めて）みるなどのアレンジをしてみる**といいでしょう。これも、右手が指先で握れるための工夫です。

日本人は特に、マニュアルどおりのグリップに固執する傾向にありますが、もっと工夫して自分なりのグリップを探求していきましょう。

グリップで重要なのは〝いかに手首をやわらかく使えるか〟です。オーバーラッピングやインターロッキングというのは、その理由づけでしかないのです。

小指の絡め方を浅くするのは、ほんの一例。力の入れ具合は自分にしかわからないため、どんどんアレンジして最適なグリップを探し出そう

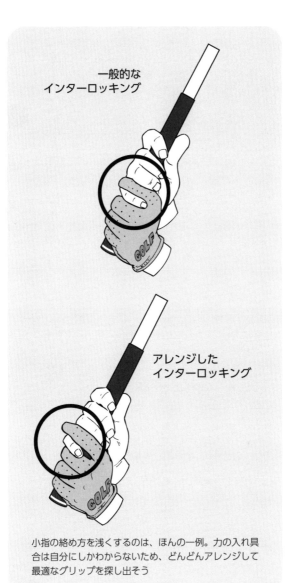

GRIP POINT 20

日本人に最も適したグリップの正体

10本の指でグリップすることから『テンフィンガー・グリップ』と呼ばれる握り方があります。具体的には、左手は通常どおり、親指の腹をクラブに添えてグリップします。その親指を右手で包み込むように握りますが、右手の小指は左手の人差し指に乗せたり、絡ませたりせず、グリップにあてがいます。**この握り方は「右手に力が入るからよくない」と言う人もいますが、私は日本人にいちばん向いている握り方だと思っています。**

そもそもオーバーラッピングやインターロッキングは、強烈に右手の力が強い海外のゴルファーが力を抑えるために編み出したグリップです。それらのグリップが、それほど力の強くない日本人に本当に合っているのでしょうか。グリップを極めるためにはこのような細部まで考えていく必要があります。

かつて私の生徒さんのなかに、オーバーラッピングもインターロッキングも合わない人がいました。このふたつの握り方では右手がうまく使えないので、私はテンフィンガーを試すことを提

案しました。それまでのドライバーの飛距離は210ヤード程度でしたが、握り方を変えた途端、コンスタントに250ヤードを飛ばすようになりました。その後も改善策のひとつとして、しばしば取り入れて成功しています。

またテンフィンガーと酷似する『ベースボール・グリップ』という握り方もあります。左手の親指をグリップから外して握る方法で、まさに野球のバットを握る形と同じです。巷では、テンフィンガーとベースボールは同じものとされている場合もありますが、**左手の親指を外すか外さないかはかなり大きな違い**なので、私は区別するようにしています。

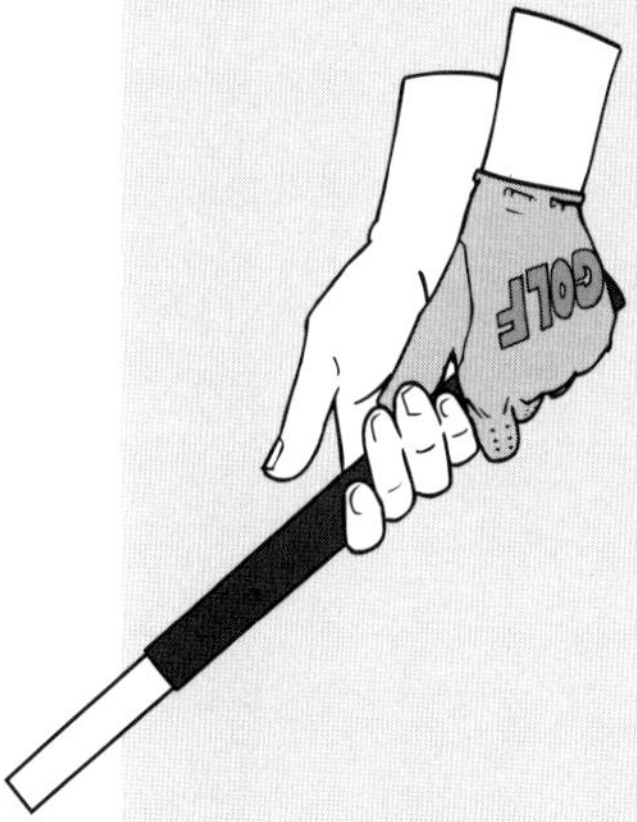

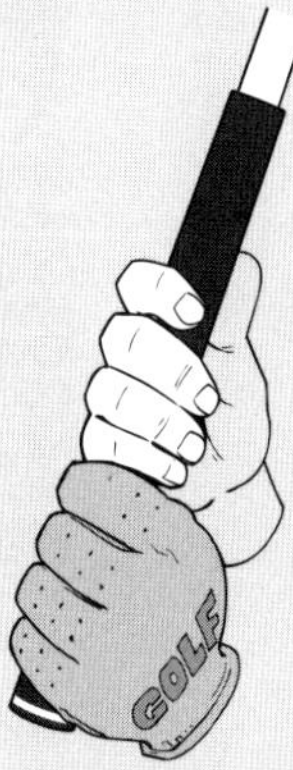

上記がテンフィンガー・グリップ。野球のバットの握り方と違う点は、左手の親指をグリップに沿って伸ばしているところ。右手の操作性が増し、エンジンとしての機能を100%発揮できる握り方だ

グリップの練習に最も多くの時間を費やそう！

「世の中で80を切れないゴルファーのほとんどが悪いグリップをしている」

これは、マスターズで2回の優勝を誇るベン・クレンショーの言葉です。ほとんどのゴルファーはクラブを曖昧に握っていますが、グリップを正確に握らなければいいショットは生まれません。

グリップはゴルフにおけるすべての面に影響します。**グリップを見ればそのゴルファーのレベルがわかる。**そう言われるほどにグリップは、プロ、アマ問わず、ゴルファーの永遠のテーマです。

毎回同じようにクラブを握っているつもりでも、その日の体調によっても微妙に変わっているものです。プロですら、グリップを握った瞬間に「今日はしっくりこないな」「なんか打ちにくいな」と調子を崩すことがあります。グリップはそれだけ繊細な要素なのです。グリップの練習は、テレビを見ながらでも、クラブさえあれば場所を選ばず行えます。**いつでも同じようにクラブを握るためにも、グリップ練習に多くの時間を費やすべきです。**

私の生徒さんには、最初のレッスンでその人に適したグリップを教えたら、翌々週くらいまではレッスンに来ないでほしいと伝えることがあります。決して教えることが面倒だからではありません。まずは正しいグリップを理解して、毎日5分でもいいからくり返し握って、その感覚をつかんでもらいたいからです。

ほとんどのゴルフ雑誌や書籍では、冒頭でグリップを取り上げていますが、ほんの触り程度ですぐにスイングに展開します。また、多くのゴルファーはグリップのページを軽視したり読み飛ばしてスイングのページばかりを読みたがります。すでにグリップは習得していると思い込んで、グリップではなくスイングのなかに上達する秘訣があると考えているからでしょう。

しかし、**どれだけスイングを改善しても、グリップが正しくなければいいスイングにはなり得ません。**逆に、グリップが正確に握れてさえいればいいショットが打てるのです。

「スイングよりグリップ」

このことに気づき、グリップの練習に重点を置くことが、スコアアップの近道です。

Column 1

パッティングにおける左手グリップ

パッティングについての質問の多くはグリップであり、特に「グリップの握り方はショットでもパッティングでも同じですか？」と質問されます。

パッティングのグリップの握り方はさまざまありますが、一般に多く見られるのは左手の人差し指を右手の小指に乗せる『逆オーバーラッピング』です。しかし、あくまで一般的な話であり、自分に最適なグリップを探すべきです。

そのなかでも条件はあります。それは、左手の握り方と、握る強さです。

先の質問に対する私の答えは「ノー」です。なぜなら、ショットは〝飛ばせる〟グリップが必要であり、パッティングは〝正確性を出せる〟グリップが必要だからです。パッティングに飛距離は必要なく、正確なストロークができるグリップにすべきです。よって、ロング・ゲームにおけるショットとは正反対で、できるかぎり手首を使わないグリップが望ましいと言えます。

そのためには、左手は手のひら（パーム）で握るのがベストです。ショットと同じ指先（フィンガー）で握ると、手首が固定されずに一定の動きになりません。

イラストのように、生命線のところにグリップをあてがって手のひらで握る方法がいいでしょう。この握り方であれば手首が折れにくい＝自然と手首が使えないグリップになります。正確にフェースをコントロールすることができ、微妙なズレさえも許されないパッティングに適したグリップになります。

もうひとつのポイントは、左手の指先に力を入れないように握ることです。たとえ手のひらで握ったとしても、指で握っている感じが強いとフェースがブレてしまいます。左手のひらをベッタリとグリップに圧着するように握れば、グリップが固定され、フェース面と左手の甲が一体化し、微妙な距離感も出しやすくなるのです。

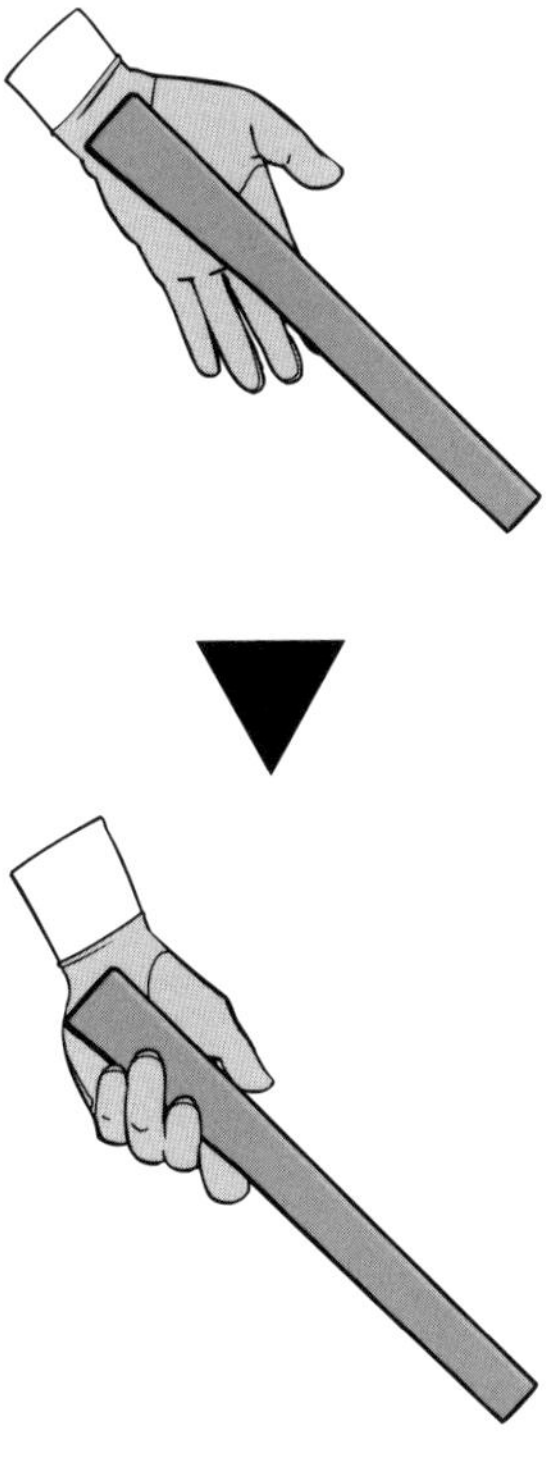

パッティングにおける右手グリップ

右手のグリップは、あくまでも左手のサポート役ですから、右手がでしゃばってはいけません。でしゃばるとは、右手のリストを利かせて打つということです。

握り方は、手のひらでも、指先で握っても構いません。大切なのは、ストロークの最中に右手がグリップに触れている以外はなにも仕事をしないことです。

パッティングを苦手とするゴルファーに共通しているのは、右手首を制限なく使っていることです。それではボールの転がりや方向性が一定になりません。そのようなゴルファーは次の練習を行ってください。

■右手を〝ゼロ〟にするドリル

左手1本でグリップし、ストロークしてください。初めは、左手でパターを操作できるくらい短く持ってください（どんなに短く持っても構いません）。また、握る強さはいつもどおりか、もしくは多少強めでも構いません。

ポイントは、ストロークのあいだ、アドレスでつくった左手首の角度をまったく変えないことです。フォロースルーでも、角度を変えることなく、左手を目標方向へ出すようにしてください。慣れてきたら、徐々に長く持って練習します。

これができたら、今度は右手も添えて両手でストロークします。ただし、右手は親指と人差し指でグリップをつまむだけです。こうすることで、右手で打つ感覚は〝ゼロ〟になります。この練習によって左手リードのストロークが学べ、方向性はもちろん、やわらかいタッチも身につけられるのです。

パッティングのグリップの力加減

グリップを強く握ったほうが、フェースが安定してコントロールしやすく思えますが、過剰に強く握ってしまうとストロークのフィーリングがつかみづらくなります。パッティングでは手のフィーリングが非常に大切なので、できるだけやわらかく握ります（特に右手）。ショットと同じでヘッドの重さを感じることが大切なのです。握る強さひとつでパッティングのタッチがまったく変わってきます。ぜひ一度、自分のグリップの力加減をチェックしてみてください。

第2章

スイングを激変させるグリップ・ドリル

～最適なグリップを見つける22のドリル～

GRIP DRILL

グリップは生き物　日々の鍛錬で決まる

「アマチュアはプロの10倍くらい強くグリップを握っている。そんなに強く握っていたら、私みたいなロングドライブは打てないよ」

これはＵＳＰＧＡツアーで通算15勝を挙げ、50歳を過ぎてもツアー屈指の飛ばし屋で知られるフレッド・カプルスの言葉です。

グリップを強く握り締めると手首がやわらかく使えず、それがミスショットの原因になり、飛距離も期待できません。しかし、**力が〝入っている〟か〝抜けている〟かというのは個人の感覚の問題**です。たとえば、私が生徒さんに「力が入りすぎていますよ」とアドバイスをしても、生徒さんが「力を抜いているつもりなんだけどなぁ」と感じていることもあります。どういった力の抜け具合がベストなのかは頭で考えてもつかめません。

では、どのようにしてベストな力の抜け具合を見つければいいのかというと、感覚をつかむためにまず、ドリルをくり返し行います。この章で紹介する22個のドリルをくり返しながら、自分にとって居心地のいい、やわらかく握れるグリップを探しましょう。**ここに挙げたドリルに取り**

組むことで、だんだんと「これだけやわらかく握ってもボールを打てるんだ！」ということが頭でも身体でもわかるようになってきます。そうして磨かれたグリップが、あなたにとってのベストグリップなのです。

【ドリルの見方】

これから紹介する各ドリルは、どのような場面で行うのか、どんな効果が含まれているのか、それぞれで異なります。それをひと目でわかるように、ドリル名の柱の説明をしておきましょう。

GRIP
DRILL
01

クラブ回し・円ドリル

室内
ラウンド前
練習場
フック
スライス

普段どおりにグリップしたら、クラブヘッドを天井に向けます。手首を回して、ヘッドが円を描くようにクラブを動かしてください。天井から垂らした紐などを基準にして、その周りに円を描くように動かすといいでしょう。10回1セットとして、毎日少なくとも3セットは行ってください。慣れてきたら徐々にスピードを上げましょう。

このドリルは、手首の動き、可動域を最大限に拡張するために行います。ポイントは**手首だけを使ってクラブを操作すること**です。腕全体を使ってクラブを動かしても、手首の柔軟性は高まりません。また、強く握ろうとする意識が少しでもあると、前腕に力が入ってしまいます。よほど力を抜かなければいけません。

実際にやってみるとわかりますが、手の中で少しグリップが動きます。よく「手の中でグリップがズレてはいけない」という教えがありますが、アマチュアはそれを気にしすぎて強く握ってしまいます。**ソフトなグリップであるならば、多少は手の中でグリップが動いてもいいくらいの**

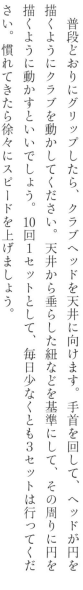

つもりで行ってください。

これは、家でテレビを見ながらでも取り組めるドリルです。日々、少しでもいいので継続して取り組んでください。

手首をやわらかく使えれば、その先のクラブヘッドはその何倍ものスピードで走るようになります。だからこそボールを弾けて、大きな飛距離が生まれるのです。

グリップエンドを左右に動かさないように注意すること。日々、テレビを見ながらでも行うことができ、ラウンド前の準備運動にも最適なドリルだ

GRIP
DRILL
02

室内
ラウンド前
練習場
フック
スライス

クラブ回し・放物線ドリル

前項のドリルと同じようにグリップして、今度はヘッドで放物線を描くように左右にクラブを動かしてください。これも手首の動きや可動域を最大限に拡張するためのトレーニングです。

手首だけを使ってクラブを操作することがポイントです。ひじや腕など手首以外を使ってクラブを動かしても手首の柔軟性は高まりません。また、クラブを強く握る習慣がついていると、前腕に力が入ってうまく動かせないので気をつけましょう。**長いクラブを持つと力が入りやすくなってしまうので、ピッチングや9番アイアンなど短めのクラブで練習しましょう。**

実際にトライしてみるとわかるとおり、このドリルも手の中で少しだけグリップが動きます。よく「クラブをしっかりと固定して動かないように」と教えられることがありますが、それでは手首が動かずに飛距離も出ません。柔軟なグリップにすることで初めて手首のパワーを使えるので、結果的にボールを遠くへ飛ばすことができるのです。

このドリルも10回1セットとして、毎日3セットは行ないましょう。慣れてきたら徐々にスピ

グリップエンドを中心に据えて、左右にブレないように手首だけでクラブを動かし、ヘッドで放物線を描くようにする

ードを上げていくと効果的です。

このドリルは家でも練習することができます。このトレーニングで緩めのグリップの感覚を養ってからショットの練習に入るといいでしょう。

ラウンド前に準備運動として取り入れてもいいですし、ラウンド途中でグリップに力が入りすぎてしまったときにはやわらかい握りを思い出すためにも効果的です。

GRIP
DRILL
03

グリップ落とし

クラブを両手でグリップして、ヘッドを天井に向けます。次に両手の力を徐々に抜いていき、クラブが落ちるまで力を抜きましょう。これは、**どのくらいの力で握ったらいいかを知るためのドリル**です。

メジャートーナメントで8勝を挙げているトム・ワトソンは言いました。

「クラブを持ち上げて、これが落ちるか落ちないかギリギリの力で握る。それがベストなグリップだ」

クラブヘッドを上に向けて持ち、徐々に徐々に手の力を抜いていくと、どこかでクラブが手から落ちます。**この寸前の落ちないポイントで力を保つのが、トム・ワトソンの言うグリップです。**

グリップを握る力加減は人それぞれの感覚になってしまいます。自分で力を入れて握っていないつもりでも、意外と力が入っているものです。このドリルで力加減をチェックしてください。

自宅の居間などでテレビを見ながらでもくり返し行えるので、練習場に行くよりも効果的でしょ

室内
ラウンド前
練習場
フック
スライス

う。

また、ラウンド前にやわらかいグリップを身体に染み込ませるために、このドリルを数回やってからスタートすると、朝一番のティーショットから手首をソフトに使えるようになるでしょう。

単にクラブをストンと落とすのではなく、落ちるか落ちないかの瀬戸際の力加減をしっかりと頭に入れることが大切だ

GRIP
DRILL
04

定規グリップ・ドリル

室内

ラウンド前

練習場

フック

スライス

グリップするときに最も気をつけるべきことは「右手は手のひらで握らないこと」です。手のひらで握ってしまうと手首がやわらかく使えず、ミスショットの原因になります。**右手のグリップは指先主体で握る必要があり、手のひらで握ったら100%上達しません。**

そこで、右手を指先主体で握る感覚を覚えるために、定規グリップを行ってみましょう。

長さ30センチ、幅3センチ程度の定規を選び、それをゴルフのグリップと同じように握ってみましょう。握ってみるとわかりますが、右手のひらで握ることができません。そうすると、自然と指先で挟むようにして握るようになるのです。その握り方が正解です（左手は、指先主体で握ってもいいですし、手のひらでもOKです。自分にとって居心地のいいほうで握るようにしましょう）。

定規でつくったこの握りのまま、クラブを持ってみてください。そのグリップでスイングするのは、初めはかなり違和感があり難しく感じるかもしれませんが、それでもくり返し続けることで右手を指先主体で握る感覚が馴染んできます。
定規の代わりにスマートフォンなどでも試すことができます。

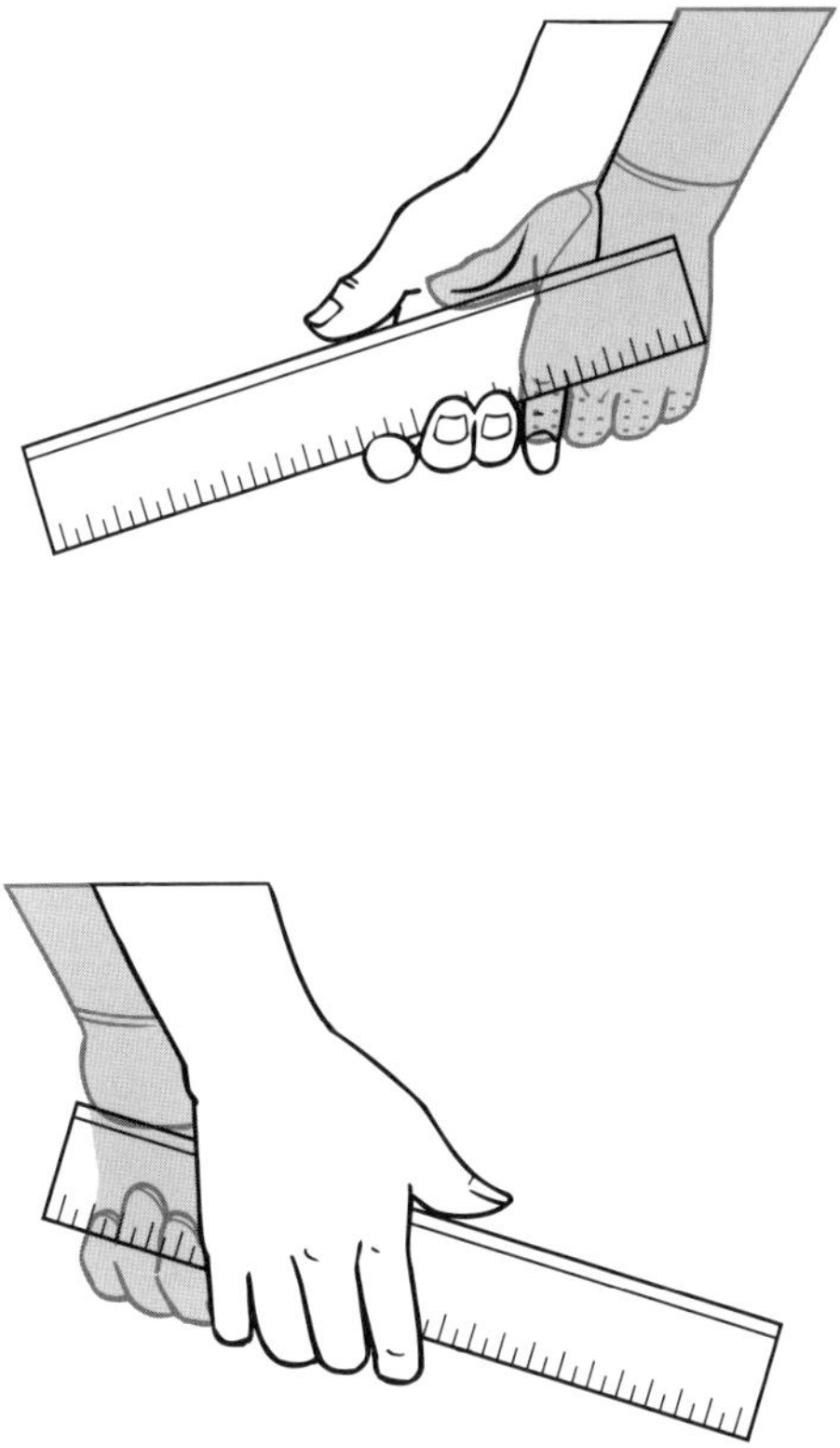

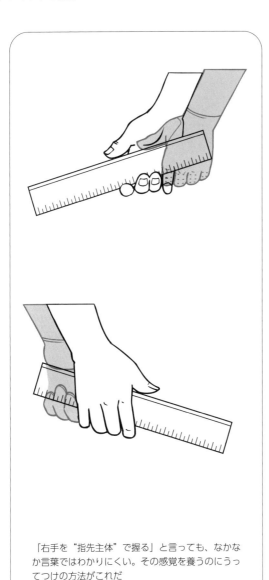

「右手を“指先主体”で握る」と言っても、なかなか言葉ではわかりにくい。その感覚を養うのにうってつけの方法がこれだ

GRIP DRILL 05

フィッシング・ドリル

室内 ラウンド前 練習場 フック スライス

左手だけでグリップして、釣り竿を振るようにクラブを前後にゆっくりと振りましょう。このとき、クラブ全体の重みを感じながら行うようにしてください。

これは左手首をやわらかく使えるようになることが目的です。なぜならゴルフは、スイングの際にトンカチを叩くように手首をコックさせなければいけません。第1章でも説明したとおり、コックとは**グリップした状態から左手首を親指方向に曲げた状態**を指します。

ゴルフを始めたばかりのアマチュアの人に多く見られるのが、親指の先端（爪）を立ててクラブを押さえるグリップです。このような握り方ではコックができないのです。

左手の親指は、指の腹をグリップに添えるようにするのがベストです。そうすることで自然と親指側にクラブが入ってきます。そのとき、**指の腹でクラブ全体の重みを感じることが重要**です。

5回を1セットとして、3セットを目安に取り組みましょう。もしクラブが重い場合は、ヘッド側のシャフトを持って行ってもいいでしょう。

腕を大きく動かすのではなく、手首のコックによってクラブを前後に動かす。それによって手首のコックをつくり出すことができ、なおかつ手首のやわらかさも養われる

GRIP DRILL 06

ヘッドの重みを感じてショット

室内 ラウンド前 練習場 フック スライス

まず、ヘッドを地面から少し浮かせた状態でグリップします。次に、目を閉じてヘッドに意識を向けてみましょう。少しずつグリップの力を抜いていき、**ヘッドの重さを感じることができたなら、それが最適なグリップの力加減**です。その力加減のままスイングしてみましょう。ヘッドの重さを感じないようなら、それは力が入りすぎている証拠。ヘッドの重みを感じられるくらいまで、力を抜いてみましょう。

グリップを握る際、「クラブが手の中でグルグル動いてはいけない」と言われますが、人間の仕組みとして「ダメ」と言われるとより一生懸命に握ろうとしてしまうもの。**グルグル動かしてもいいつもりで握ってOK。**手の中で遊ぶくらいでないとクラブをやわらかく握ることは難しいからです。これはクラブの重さを感じているかどうかにもつながってきます。私もそうですが、レッスンプロは生徒さんに「クラブの重さを感じていますか?」と質問することがあります。それに対して「感じています」と答える生徒さんもいますが、恐らく本当に重さを感じている人はほんのひと握り。日頃からクラブの重さを感じてクラブを振れるようになれば、あなたはライバルより一歩上のレベルに到達したと言えます。

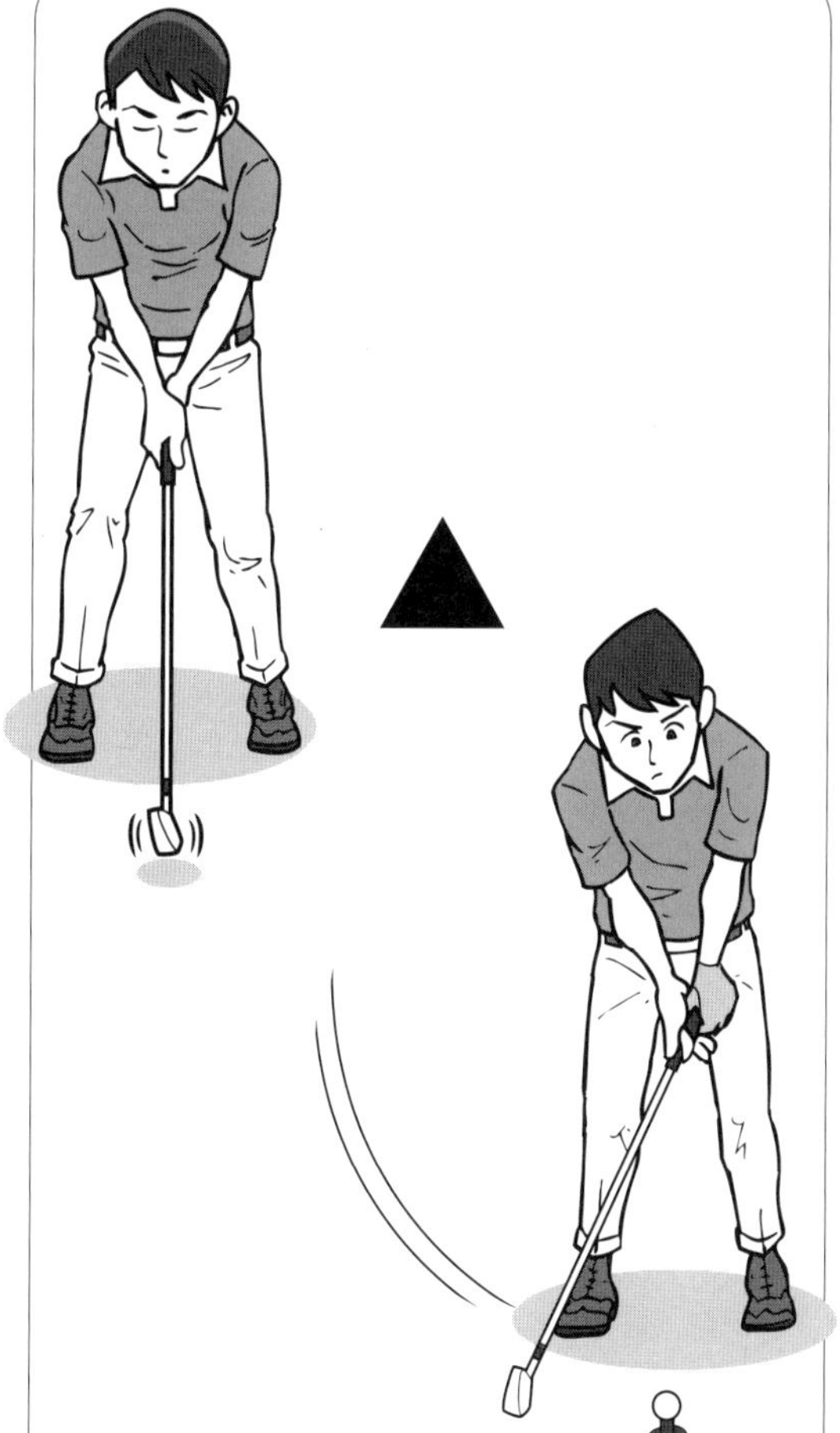

練習場でショットを打つ前に必ずやるようにすると、クラブヘッドの重みを感じられるくらいやわらかいグリップを覚えられ、そのうち自然と最適なグリップで握れるようになる

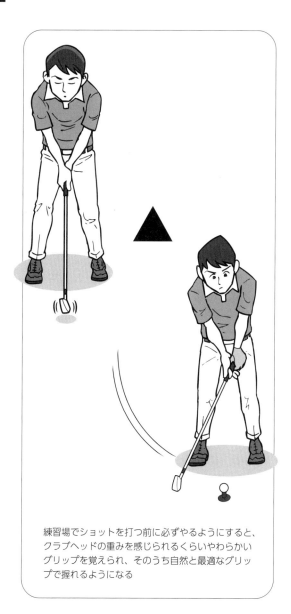

GRIP
DRILL
07

ゴムティー往復ビンタ

室内
ラウンド前
練習場
フック
スライス

このドリルは、ボールが乗っていない、固定された状態のゴムティーを使います。

まずは手首を使ってクラブヘッドを左右に振りましょう。その動きのなかで、クラブヘッドの通り道に設置したゴムティーを行き帰り連続で叩きます。このとき余計な力が入ったり、腕やヒジなど手首以外を動かしてしまうと、特にフォローからバックスイングに戻るときにヘッドの背面でゴムティーを叩けません。**力を抜いて手首をしっかりと折り、広い可動域を保つことでスムーズに叩くことができるようになります。**

5往復を1セットとして、一度の練習で3セットが目安となります。手首が疲れた状態で取り組んでも効果は得られませんし、手首を痛めたり、腱鞘炎《けんしょうえん》になったりする恐れがありますので、やりすぎには十分に注意しましょう。

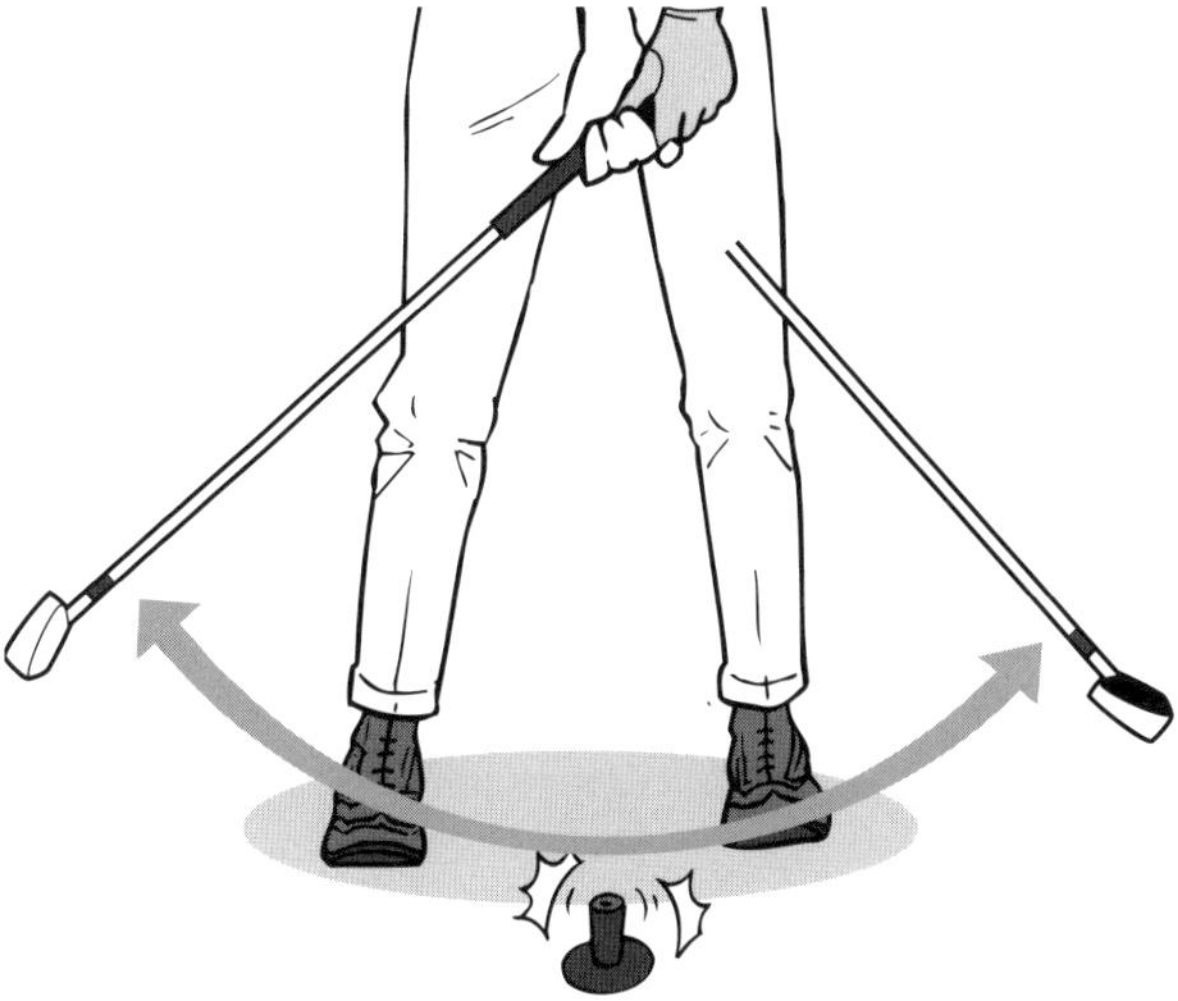

グリップエンドが左右にブレないように気をつけ、手首のコックによってクラブを往復させること。リズムよく叩けるようになると、ついつい連続してやってしまいがちだが、オーバーワークは手首を痛める原因になるので注意！

GRIP DRILL 08

手首のコックづくり・縦型

室内 ラウンド前 練習場 フック スライス

アドレスに入ったら、クラブを右肩で担ぐようにクラブヘッドをまっすぐに持ち上げます。そこから斧を振り下ろすようにクラブを振って、ヘッドで地面を軽く叩きましょう。力いっぱい振り下ろさなくて大丈夫です。

これは手首のコックをやわらかく使う練習です。アマチュアゴルファーはなかなかコックをやわらかく使うことができません。初心者に至っては地面を叩くのは怖いという感覚があるのでしょう。そのために、コックをうまく使えなくなっていることが多いのです。それではいいショットは打てません。

このドリルで、**コックの使い方を身体に覚え込ませること**ができます。10回1セットとし、一度の練習で3セットを目安に取り組みましょう。

ポイントは右手の親指にあります。**親指の腹をクラブに付けること。** 親指を折って先端（爪）を立てて握ると、コックができなくなってしまうので気をつけましょう。

このドリルは、必ず人口マットの上で行なうようにしましょう。芝の上でクラブを地面に叩きつけると芝が禿《は》げてしまうので、厳禁です。

地面を思い切り叩く必要はない。手首をやわらかく使えばヘッドの重みで自然と地面に落ちていく

GRIP
DRILL
09

手首のコックづくり・横型

室内
ラウンド前
練習場
フック
スライス

普段どおりにアドレスに入り、左イラストのように右肩にクラブを担ぎます。そこから斧のように振り下ろして右足付近の地面をクラブヘッドで叩きましょう。力いっぱい行うと手首を痛めるので、軽く振り下ろしてフィーリングをつかみましょう。

このドリルも、アマチュアゴルファーに見られがちな地面を叩く恐怖心を克服するための練習です。しかも、**スイングと同じような動きのなかでコックをやわらかく使うための練習**になります。コックをうまく使えないプレーヤーは、**このドリルで「リストを使っていいんだよ」ということを身体に覚え込ませましょう。**

ポイントは右手の親指にあります。親指の腹をクラブに付けること。親指を折って先端（爪）を立てて握ってしまうと、やわらかいコックができなくなるので注意しましょう。

このドリルも、必ず人口マットの上で行なうようにしましょう。芝の上でクラブを地面に叩きつけると芝が禿げてしまうので、絶対にやらないでください。

縦型と同じように、10回1セットとし、一度の練習で3セットを目安に取り組みましょう。

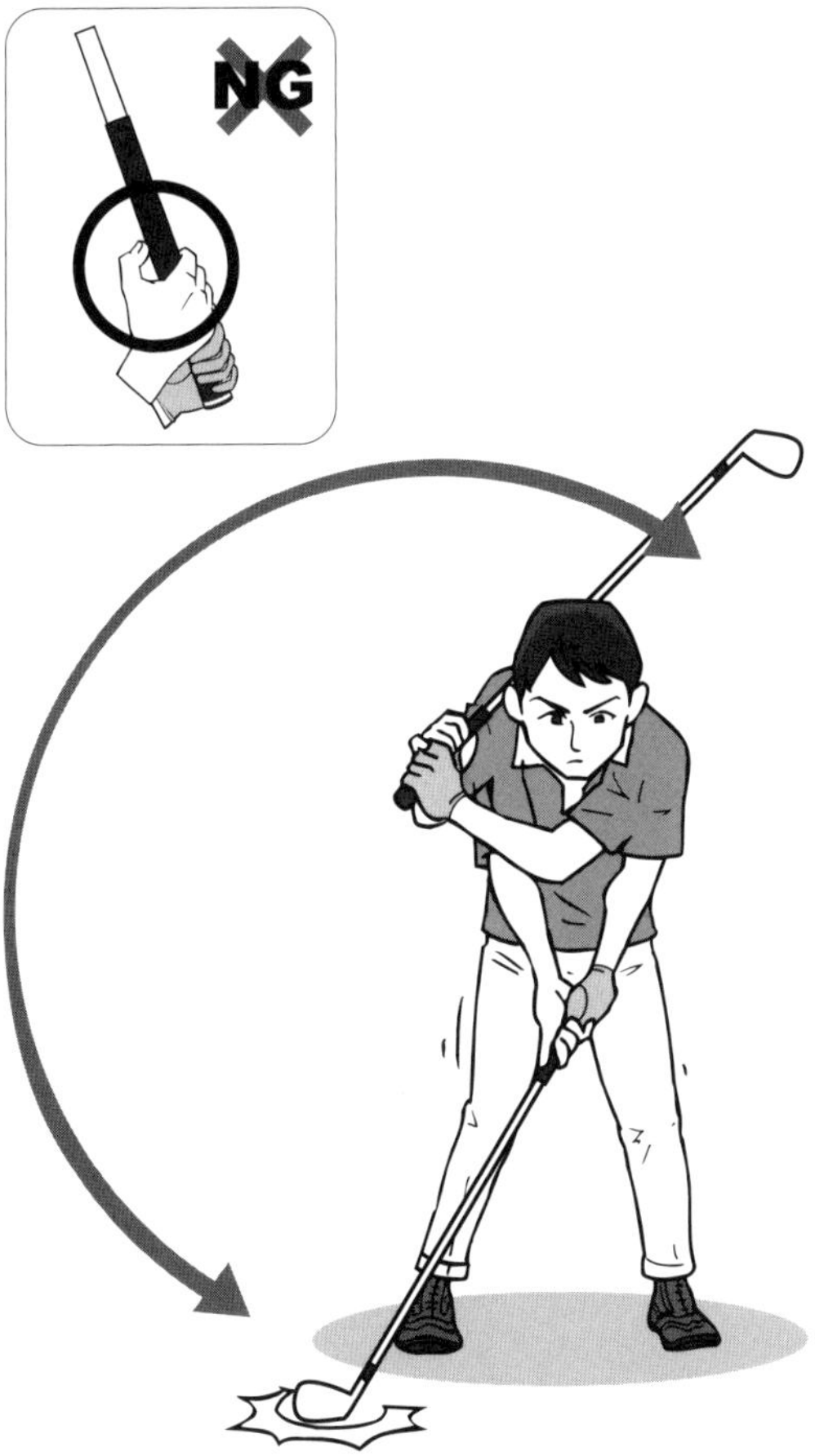

通常のショットを打つときと同じ体勢で行うため、実際のスイングに直結する。これでやわらかいコックが使えて地面を叩けるようになれば、ショットは劇的に変わるはずだ

GRIP DRILL 10

高めティーアップ・ショット

室内
ラウンド前
練習場
フック
スライス

少し高めにティーアップしたボールを打つドリルです。ドリル07『ゴムティー往復ビンタ』（82〜83ページ）のボールがあるバージョン、とイメージしてください。

このドリルのポイントは、**ティーを打たずにクラブでボールだけを捉える**ことです。

グリップに力が入りすぎてしまうとクラブの軌道がおかしくなり、ボールの下にあるティーを叩いてしまったり、ボールを上から叩いてしまうことになります。本番のゴルフでいえば、トップやダフりをしていることになるわけです。

正しい軌道を通ったか、通らなかったかをしっかりと認識してください。**力が入りすぎてしまったときの感覚は捨てて、正しい軌道を通ったときの感覚をくり返し行なえるように練習しましょう。**『ゴムティー往復ビンタ』とセットで行なうと効果的です。

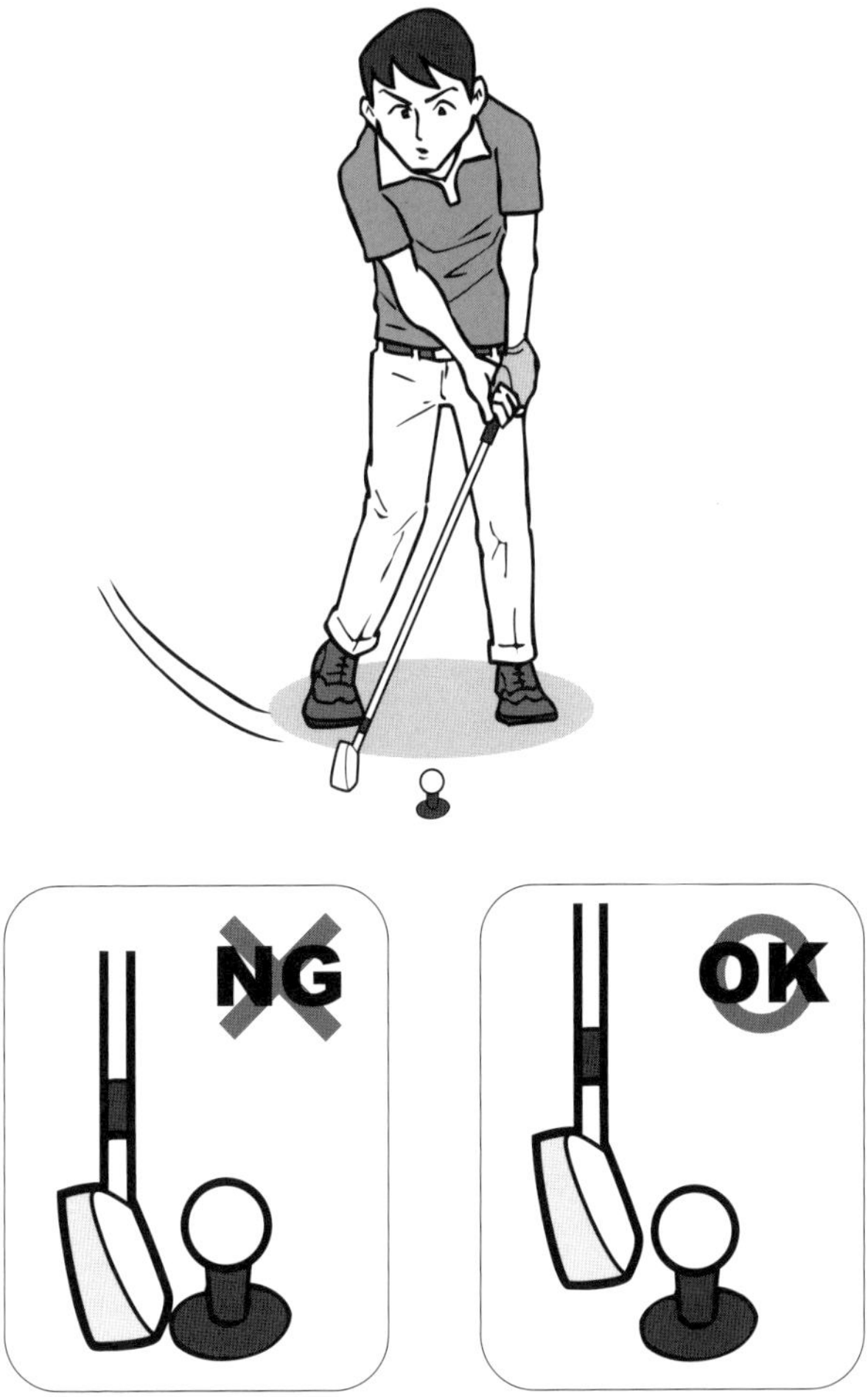

グリップを力強く握っているとヘッドがスムーズに動かずトップの原因に。それを防ごうと無理をすればティーを叩くようなショットになってしまう

GRIP DRILL 11

タオル巻きグリップ・ショット

室内　ラウンド前　練習場　フック　スライス

やわらかいグリップがベストと言ってきましたが、それを100％体感できる究極のドリルです。

長めの薄いタオル（約35センチ×85センチ）をグリップにグルグルと巻きつけます。そして、そのタオルを巻きつけたグリップを普段どおりのグリップの形で握りましょう。

実際にトライしてみるとわかりますが、タオルがフワフワして強く握れません。**手首にも力が入らず、クラブは不安定でブラブラしていると感じるでしょう。ですが、それが正しい力加減です。**その状態で何度か素振りをくり返したあと、実際にボールを打ってみましょう（ボールはティーアップした状態で打ってもＯＫ）。最初はスイングすることに不安を感じるかもしれませんが、手からグリップが抜けることはありません。

これは多くのプロゴルファーも実践している方法です。不調に陥ると、知らず知らずのうちにグリップを強く握っているものです。グリップは外見ではわかりにくく、レッスンする側からも各生徒さんの正確な力加減まではなかなかわかりません。これは自分に合ったベストの力加減をわからせてくれる練習法なのです。

巻きつけるタオルは、薄手のものがよい。思うようなゴルフができない、ミスショットが多発するなど、調子が悪くなったときにはこのドリルを試してみよう

GRIP DRILL 12

軍手グリップ・ショット

室内
ラウンド前
練習場
フック
スライス

丸いボツボツの滑り止めが付いた軍手を両手に着用し、通常どおりグリップします。その状態でスイングしてボールを打ちましょう。

やわらかいグリップでクラブが飛んでしまいそうな不安を取り除くドリルです。ボツボツの滑り止めが付いていたほうが、力を入れずにグリップしても滑らないので、なんとなく安心感があります。その**安心感によって力が抜けるようになる**のです。

慣れてきたらボツボツの付いていない軍手をつけて練習してみてもいいでしょう。

タオル巻きグリップのレベルアップした形。軍手1枚では足りない場合、二重にはめてグリップを握ってみる方法もあり

GRIP DRILL 13

狐グリップ・ショット

室内
ラウンド前
練習場
フック
スライス

通常のグリップから、右手と左手ともに人差し指と小指を離して、親指、中指、薬指のみでグリップしましょう。私はこれを『狐グリップ』と呼びます。

次に、実際にスイングしてボールを打ちます。このときのバックスイングの振り幅は、腰の高さくらいが目安です。

アマチュアゴルファーの多くが、小指に力を入れすぎる傾向にあります。このドリルはそのような小指に力が入りすぎる癖を取り除くことが目的です。**小指をクラブから離してボールを打つことで、小指に力を入れなくてもバランスを保てるようになり、余計な力みが消えます。**トライしてみるとわかりますが、この狐グリップは小指がグリップに付いていないため、自然と手首をやわらかく使えます。

このドリルには特に決められた回数や球数はないので、自分が小指を必要としない感覚を体得するまで何度でも行いましょう。

また、このドリルはいい球を打つことが目的ではありません。**手首のスナップが利いているかどうかを意識してスイングすること**を心がけましょう。

慣れるまではスイングするのに不安を伴うかもしれないが、決して力を入れることなくグリップを握ること

GRIP DRILL 14

つまみグリップ・ショット

室内
ラウンド前
練習場
フック
スライス

『狐グリップ・ショット』の上級者向けバージョンです。狐グリップを正しく行なえるようになったら、次の段階としてこのドリルを行ないましょう。

右手と左手ともに、親指と人差し指だけでクラブを握った状態でスイングします。実際にボールを打つのはかなり難しいので、素振りだけでもいいでしょう。ボールを打つ場合は、スイングの振り幅は腰の高さくらいが目安で、初めはゆっくりとしたスピードでスイングしましょう。

アマチュアゴルファーの多くが、クラブの重さを感じないままスイングしています。このドリルは、**小指、薬指、中指をクラブから離してグリップに添える指を減らすことで、クラブの重さを感じやすくさせる効果**があります。

特に決められた回数や球数はないので、ヘッドの重みを感じられるようになるまで続けましょう。

また、この練習はいい球を打つことが目的ではありません。**ヘッドの重みを感じ、手首のスナ**

ップが利いているかどうかを意識してスイングすることを心がけましょう。

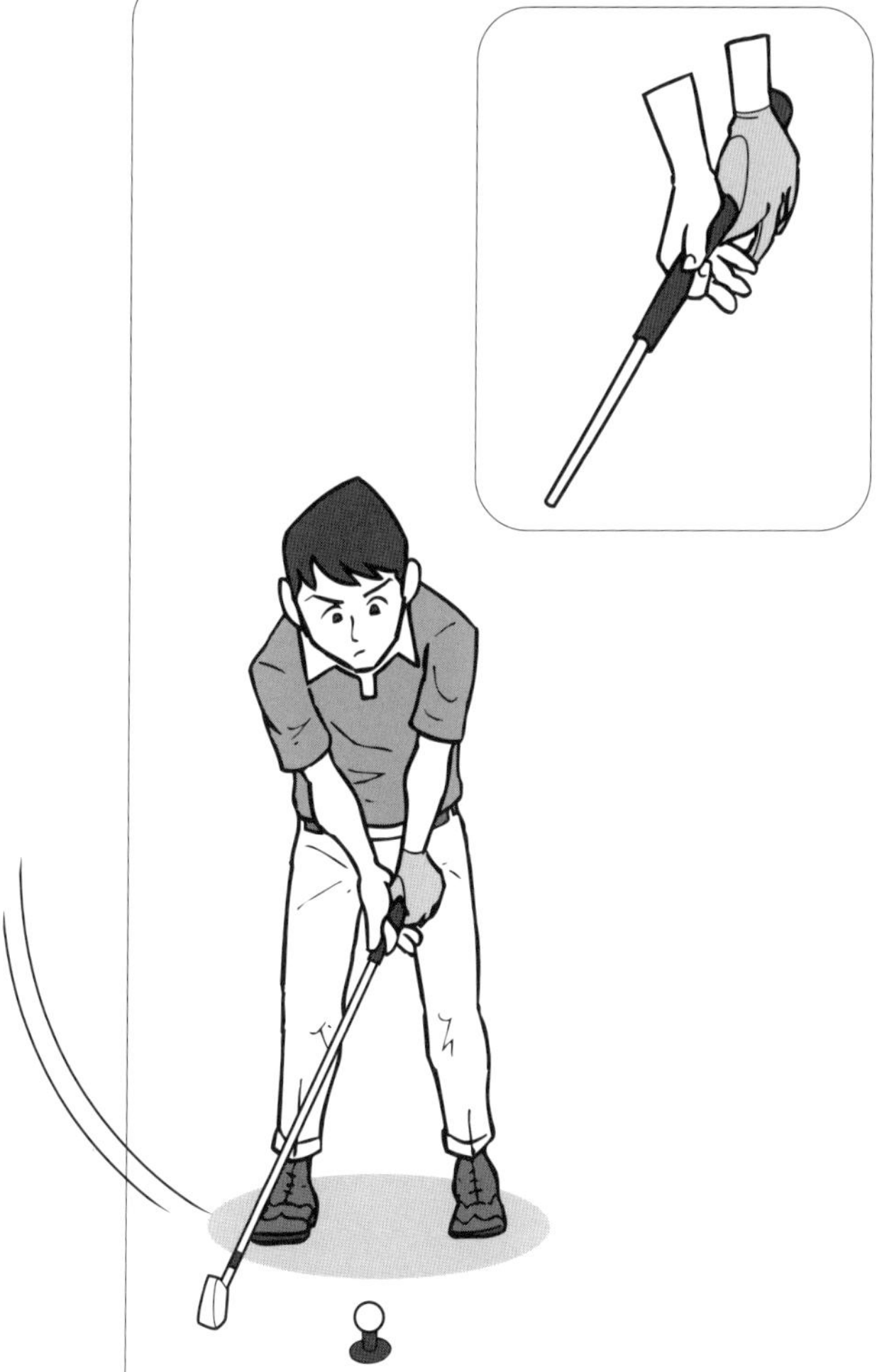

単に小指、薬指、中指を離すだけでなく、親指や人差し指に力を入れずに握ることで初めてヘッドの重みを感じられるようになる

GRIP DRILL 15

はさみグリップ・ショット

室内
ラウンド前
練習場
フック
スライス

右手の人差し指と中指でクラブをはさむように持ち、親指は人差し指の上に置くようにグリップします。その状態を保ったままスイングしてボールを打つ練習です。

主にフックやチーピンに悩む人に向けたドリルです。フックやチーピンの原因は、**インパクト前に急激に右手でフェースを返してしまうこと**にあります。このドリルは、そういったミスをなくすために役立ちます。

あえて右手の親指と人差し指の力が効かない状態でグリップする練習をすれば、余分な力のかからない、自然なコックとフェースターンの感覚がつかめるわけです。

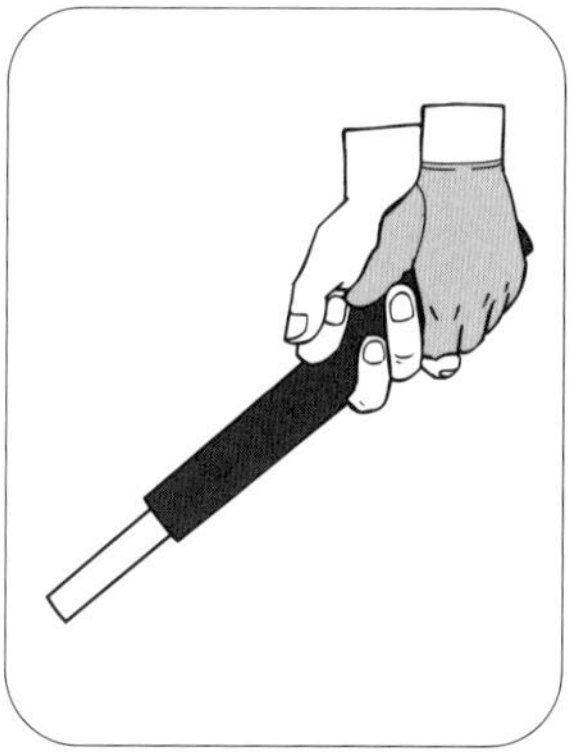

右手の効力をなくすことで急激なフェースターンを防ぐことができる。くり返し行い、自然なフェースターンの感覚をつかんで通常のグリップに移行しよう

GRIP
DRILL
16

両手合わせグリップ・ショット

室内

ラウンド前

練習場

フック

スライス

右手で左手を覆うようにしてグリップします。このとき、右手の小指は左手の小指と薬指のあいだの凹《くぼ》みに、右手の薬指は左手の薬指と中指のあいだの凹みに、というように指半個分ずつずらして重ねましょう。ちょうどピアノの黒鍵が白鍵のあいだに位置するようなイメージです。右手と左手をすべて重ねることが難しければ2〜3本の指だけでも構いません。その状態でスイングしてボールを打ちます。クラブは7〜9番いずれかのアイアンが適切です。

これは**右手の効力を封じる**ためのドリルです。多くのアマチュアゴルファーは、知らず知らずのうちに右手に力を入れてしまいます。それがスイングを崩す原因であることは前述のとおりです。そこで改善策として、**スイングは右手の力に頼る必要がない**ことを実感できる、このドリルが役立ちます。初めはぎこちないスイングになりますが、慣れてくるとテンポよくできるようになり、さらにくり返すと、両手でフルショットしたときと同じ飛距離が出ていることに気がつくでしょう。

最初はティーアップした状態から始めて、徐々にティーを低くしていき、最後は地面にあるボールを打ちましょう。地味な練習ですが効果は抜群です。**左手だけを機能させてボールを打つドリルなので、正しい左手の使い方やポジションを学べる練習になります。**

左手に重ねることで右手の効力を消し、それによって急激なフェースターンを防ぐことが可能となる

GRIP
DRILL
17

親指解放グリップ・ショット

室内
ラウンド前
練習場
フック
スライス

まずは自分に合った通常どおりのグリップをしましょう。そこから左右の親指をグリップから離します。その状態でスイングしてボールを打ちましょう。

これは**親指に力が入ってコックがスムーズにできなかったり、スイング軌道が安定せずフックやスライスになってしまうことを防ぐためのドリル**です。

アマチュアゴルファーの多くはスイングの際に、必要以上に親指に力を入れてしまいコックができなくなったり、また腕をねじってテイクバックしたりしています。すると、過剰にフックやスライスが出やすくなります。

そこでこのドリルが効果を発揮します。**親指を離すと自然とコックができ、正しい腕の使い方が理解できる**ので、ストレートなボールを打てるようになります。その感覚がつかめるまで、くり返し行いましょう。

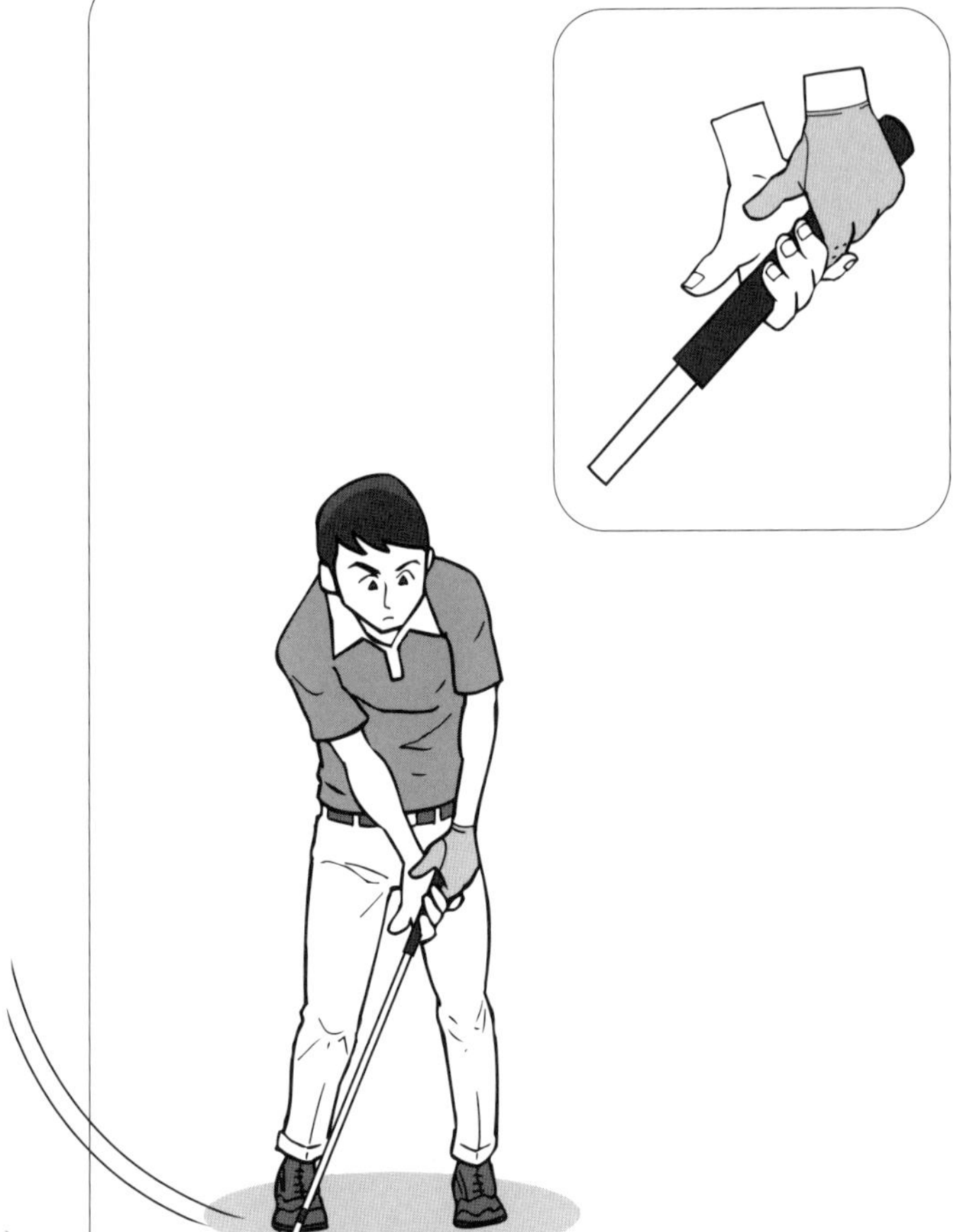

両手の親指を離すことで自然なコックとフェースターンが得られる。
その感覚をしっかりと身体に染み込ませて、通常のグリップに戻したあとも同じ感覚でできるようにすること

GRIP DRILL 18

スプリットハンド・ショット

左右の手の間隔を空けてグリップし、そのままスイングしてボールを打ちましょう。右手で握る部分の目安は、グリップの最下部（シャフトに近い部分）になります。このグリップは『スプリットハンド』と呼ばれています。

打ったボールがスライスしてしまうのは、フェースがしっかりとターンしていない状態で打っているからです。この場合、右手を使わないほうがいいと思っている人が多くいます。しかし、**右手がうまく使えなければ正しいフェースターンを行うのは難しいので、最初は意識して右手を使ってください。**

うまくフェースターンできるようになってきたら、徐々に右手と左手の間隔を狭めていき、最後は普段どおりのグリップになってもフェースターンがうまくできるようになるまで、くり返し行いましょう。

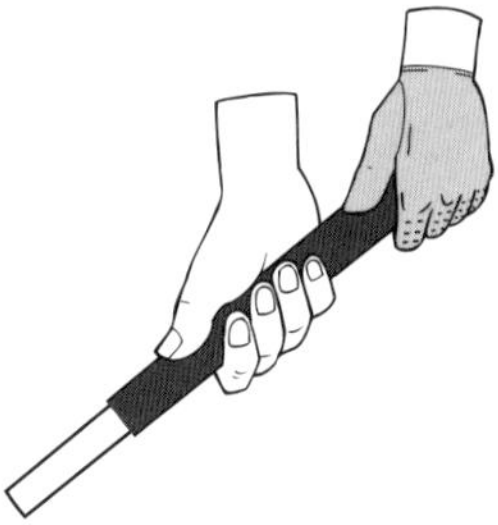

初めのうち右手はシャフトに近い部分を持ち、徐々に左手に近い位置にずらしていく方法がベター

GRIP
DRILL
19

左手グリップ・チェック

室内

ラウンド前

練習場

フック

スライス

左手の握り方を決めるドリルです。ストロング・グリップにしたほうがいいのか、それともウィーク・グリップにしたほうがいいのか、スクエア・グリップがいいのか、それをチェックします。まずは左手だけでグリップし、そのままテイクバックして腰の高さまでクラブを持ち上げた状態をキープ。別の人にクラブヘッドを持ってもらいます。左手だけでグリップエンドをボールの打ち出し方向に引きます。このとき別の人は、クラブが簡単に抜かれないように耐えてください。左ひじが曲がってしまう人は、左手グリップが弱いということです。その場合、左手をストロング・グリップにしてみてください。

必ず**左ひじを曲げずにグリップエンドを引けるポジション**があります。ウィークからストロングまでのあいだで、グリップをどういった握り方にすればいいのかを見つけられるはずです。よく「アドレスで左手のナックル（拳の山）が2〜3個見えるように」と言われますが、その表現はやや曖昧で、こちらの方法がベターでしょう。

本来、スイングでは力を入れずにやわらかいグリップで打ちますが、ここでは左手の握り方を確認することが目的なので、ある程度、力を入れて引っ張ることになります。

この方法で左手のグリップがわかったら、実際にショットを打ってみること。それでもスライスが消えない場合、再度この方法でチェックしてみよう

GRIP DRILL 20

オンリー・ライトハンドドリル

室内　ラウンド前　練習場　フック　スライス

これまで、左手だけのドリルはいくつか紹介してきました。最後は右手だけで行うドリルを紹介しましょう。

まず、右手だけでグリップし、アドレスをします。その状態から、腰の高さまでクラブを上げて振ります。クラブフェースにうまくボールが乗れば前方に飛びます。乗らなければトップやダフリになります。

ボールをフェースに乗せるためには、右手首を柔らかく使えるかどうかが肝心です。うまくボールを乗せられるようになるまで、くり返し練習しましょう。

このドリルは、右手首の動かし方を自然と覚えるのに最適です。長めのクラブではなく、ロフトの多い（9番アイアンやピッチングウェッジ）でチャレンジしましょう。

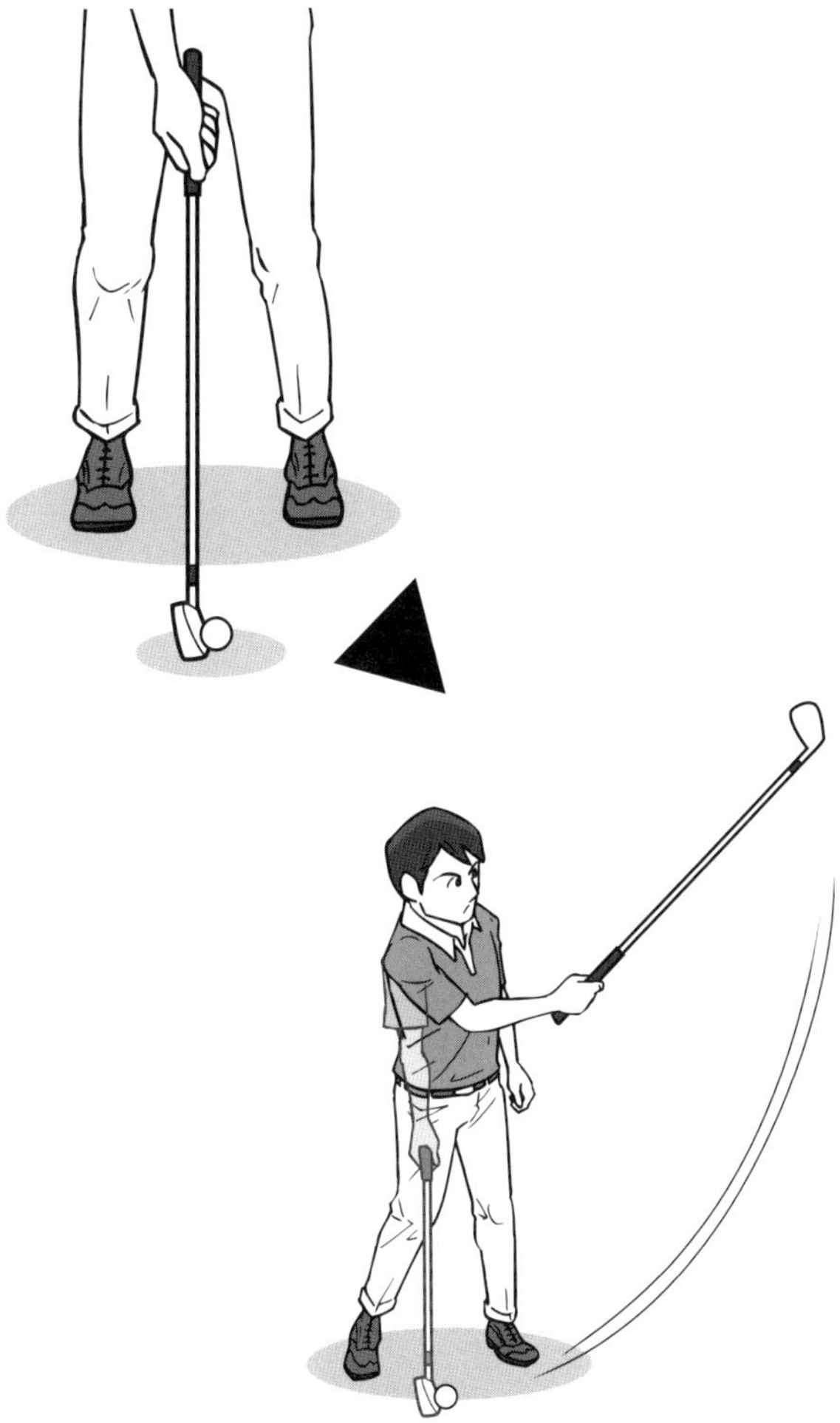

ボールがフェースに乗らないと、まっすぐ前方に飛んでいかない。グリップを握る強弱だけでなく、方向性も含めてチェックしよう

GRIP
DRILL
21

割りばしドリル・上バージョン

室内
ラウンド前
練習場
フック
スライス

まず、四角い割りばしを1本用意します。そして、割りばしをグリップの上に乗せてクラブを握ります。

その際に注意することは、割りばしの真上に両手の親指を乗せることです。親指の腹で軽く押さえることです。決して力を入れて割りばしを押さえないようにしてください。

実際にやってみるとわかると思いますが、握る力が強いと割りばしがグリップからずれてしまいますので、支える程度の力で押さえるようにしましょう。

その状態でスイングします。スイング中に割りばしが動かなければ合格です。

このドリルは、両手の親指に力を入れないスイングを身につけることが目的で、かなり実戦的な練習になりますので、ぜひ試してみてください。

GRIP DRILL 22

室内
ラウンド前
練習場
フック
スライス

割りばしドリル・下バージョン

このドリルは、割りばしドリル上バージョンとは逆に、割りばしをグリップの下に添えてグリップします。そうすると、親指以外の、人差し指、中指、薬指、小指で割りばしを軽く押さえることになります。

グリップはとても握りづらいのですが、この状態でスイングをします。クラブを強く握ってスイングすると手が痛くなりますので、**痛くならない程度の力でスイングができると、それはいいグリップと言えます。**

この練習も、割りばしがずれないでスイングができたらOKです。

かなり効果が期待できるドリルですので、ぜひやってみてください。

Column 2

短いアプローチは〝手首を使えない〟グリップで！

ドライバーショットのような飛距離を求めるスイングでは3つのエンジンを使います。身体の回転と、腕の振りと、手首のスナップです。基本的には、求められる距離が短くなるにつれ、エンジンの数を減らしていきます。短いアプローチでは手首のスナップを使わずに、身体と腕の振りのふたつのエンジンでボールを飛ばし、パターでは手首と身体を固定して、ひとつのエンジンである腕の振りだけでストロークします。アマチュアゴルファーの多くは、短いアプローチで無意識に手首を使ってしまい、必要以上に飛距離が出てしまいます。

そこで、手首のスナップを使わずに打てるようになるための練習法をひとつ紹介します。右手と左手の位置を逆にして、さらに両手の間隔を少し空けてグリップを握り、その状態でショットを打ちます。知らず知らずのうちに手首を使ってしまう癖を矯正するためには、このような逆手グリップでの練習が有効です。

これで手首を使わない感覚が身についたら、逆手グリップではなく普通のグリップに戻して練習しましょう。

第3章

理想のグリップを手に入れるギア・チェック

～ギアでチェックすべき10のポイント～

GEAR CHECK

グリップを新しくするだけで飛距離アップ

アマチュアゴルファーもプロゴルファーと同じようにグリップにもっと気を遣ってプレーしたほうが格段に上達します。しかしながら、凹凸《おうとつ》のなくなったツルツルのグリップを使っている人があまりに多い。ツルツルのグリップを使うということは、車でいえば雪道を溝もない平らなタイヤで走るようなものです。ツルツルのグリップでは100％滑ります。**グリップが滑りやすくなると、滑らないように強く握らないといけなくなります。それが力みを生み、ナチュラルにスイングができなくなってしまうのです。**また、グリップはゴム製ですから劣化します。見た目は溝がしっかりと残っているグリップでも、固く滑りやすくなっていることがあります。

ある生徒さんは、グリップを変えただけで飛距離が伸びました。**グリップが滑らなくなれば、自然と手にフィットするので握る力がいらなくなります。**それが彼のスイングに好影響を与えたのです。アマチュアゴルファーはプロゴルファーのように頻繁にグリップを交換することは難しいかもしれませんが、少なくとも**一年に一度を目安に交換すること**をおすすめします。

この章では、いつでもグリップの性能を発揮させることができる、ギアに関するとっておきのテクニックを紹介していきます。もちろんプロゴルファーも使っているテクニックです。また、グリップについて必要な知識もお伝えしていきましょう。

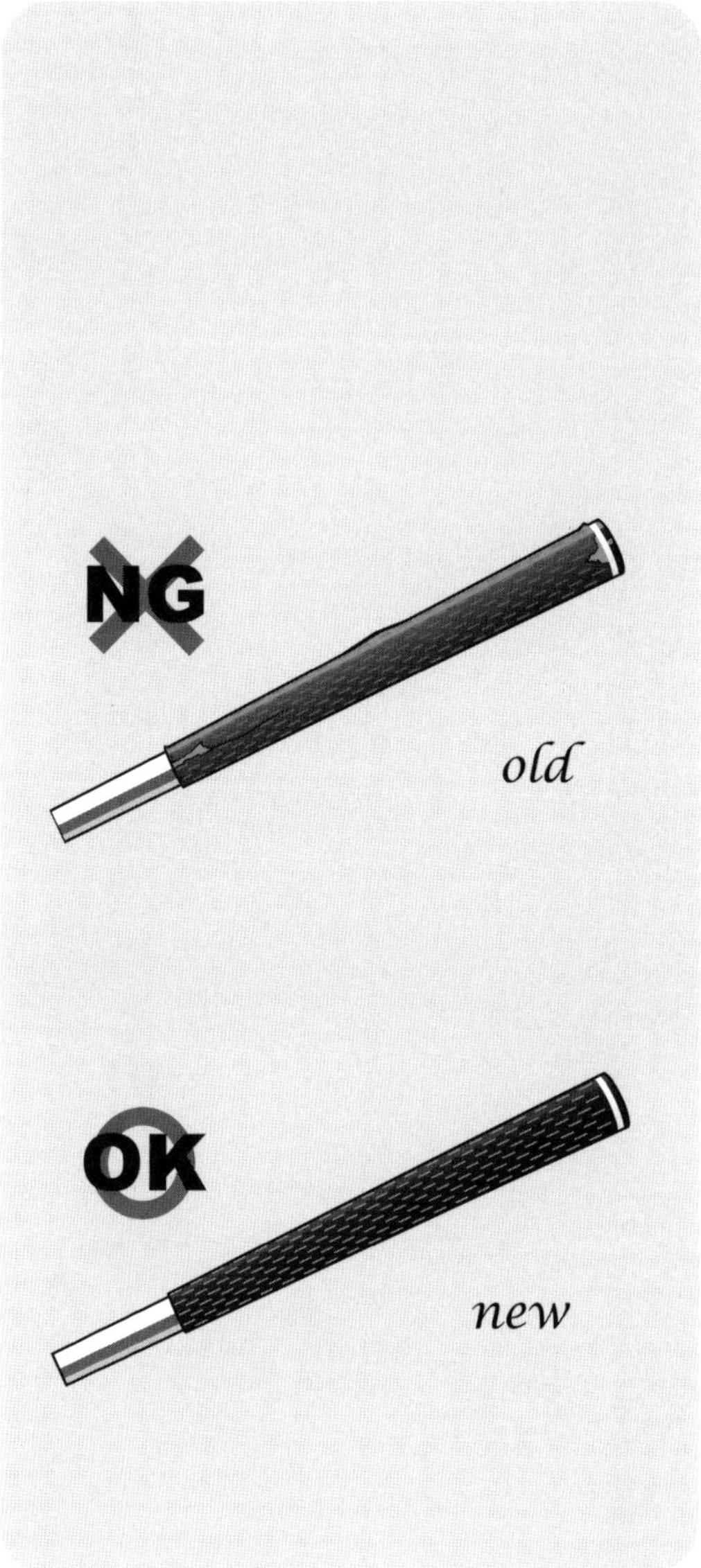

GEAR CHECK 01

手の大きさでグリップの太さを決めるのは早計！

ゴルファーはすべてのギアを味方にしなくてはいけません。グリップは細いほうがいいのか太いほうがいいのか、左手だけ太くて右手は細くアレンジしたほうがいいのか、はたまた左手は細く右手は太くしたほうがいいのか。そういった微妙な調整も自分に合わせて行ないましょう。

グリップの太さの基準として一般的に言われているのは、手が大きければ太いグリップ、手が小さければ細いグリップがいいということです。街のショップなどで聞いてみれば、「あなたは手が小さいから細めのグリップがいいですよ」などと言われるでしょう。しかし、私はそうは思いません。**自分に合ったグリップの太さというのは、握っても力が入らない太さで、それは実際にプレーしてみないとわかりません。**細いほうがいい、太いほうがいいと一概には言えないのです。2014年のマスターズで優勝したバッバ・ワトソンは、グリップの内側に巻く両面テープを、通常は1枚のところ、右手10枚、左手12枚も巻いて太くしています。もう、野球のバットのように太いわけです。彼はそのくらい太いほうが、力が抜けてスイングができ、フェースローテーションも過度にならなくなるのです。

「外国人は手が大きいから、太いグリップなんでしょ」

よくこのような解釈をする人がいますが、それは間違っています。手が大きいから、小さいからではなく、**力が抜ける太さに調整することが大切**だということを知りましょう。

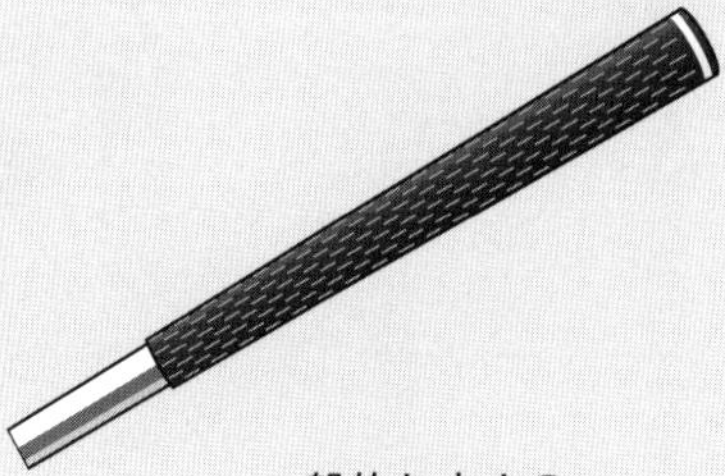

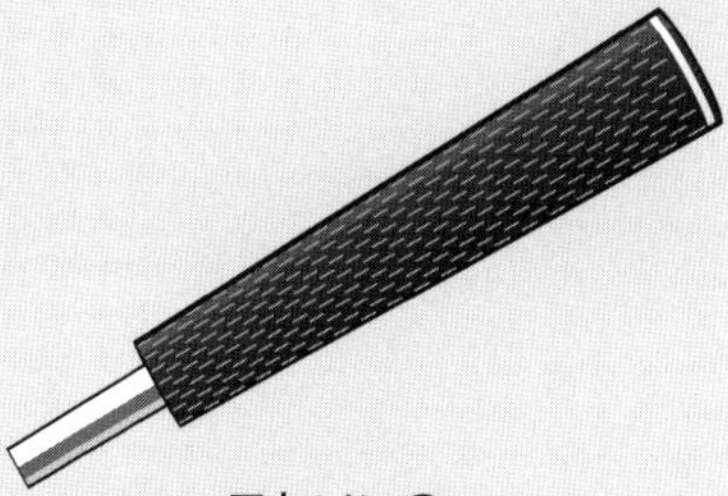

GEAR CHECK 02

素材の長所と短所を知っておこう

グリップには、大きく分けて『コード・タイプ』と『ラバー・タイプ』があります。

コード・タイプは**ゴムに綿糸を混ぜたもので、雨や汗にも強くて滑りにくく、耐久性が高い**のが特長です。硬いコードが内側に入っているため、握った感触が硬くシャフトのしなりを感じにくいタイプです。一方のラバー・タイプは、**コードタイプに比べてやわらかく、しっとりした触り心地で、シャフトのしなりを感じやすい**ものになっています。

この2種類のほか、コードとラバーが半分ずつの『ハーフコード・タイプ』や、コードが4分の1入った『クオーターコード・タイプ』、コードタイプなのに握った感覚がラバータイプに近い『ソフトコード・タイプ』があります。

このグリップのタイプに関しても自分に合ったものを探すことが大切です。たとえば私のグリップは、右手部分はラバーで左手部分がコードです。これは、右手の感覚を大切にしたいために右手部分をラバーにし、左手は手袋なしでも滑らないようにコードにしています。右手の感覚を左手の感覚より重要視するという私仕様のグリップです。力を入れずにグリップを握るためにも、グリップの仕様も自分に最適なものを選びましょう。

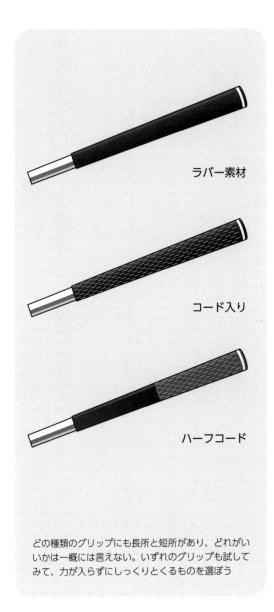

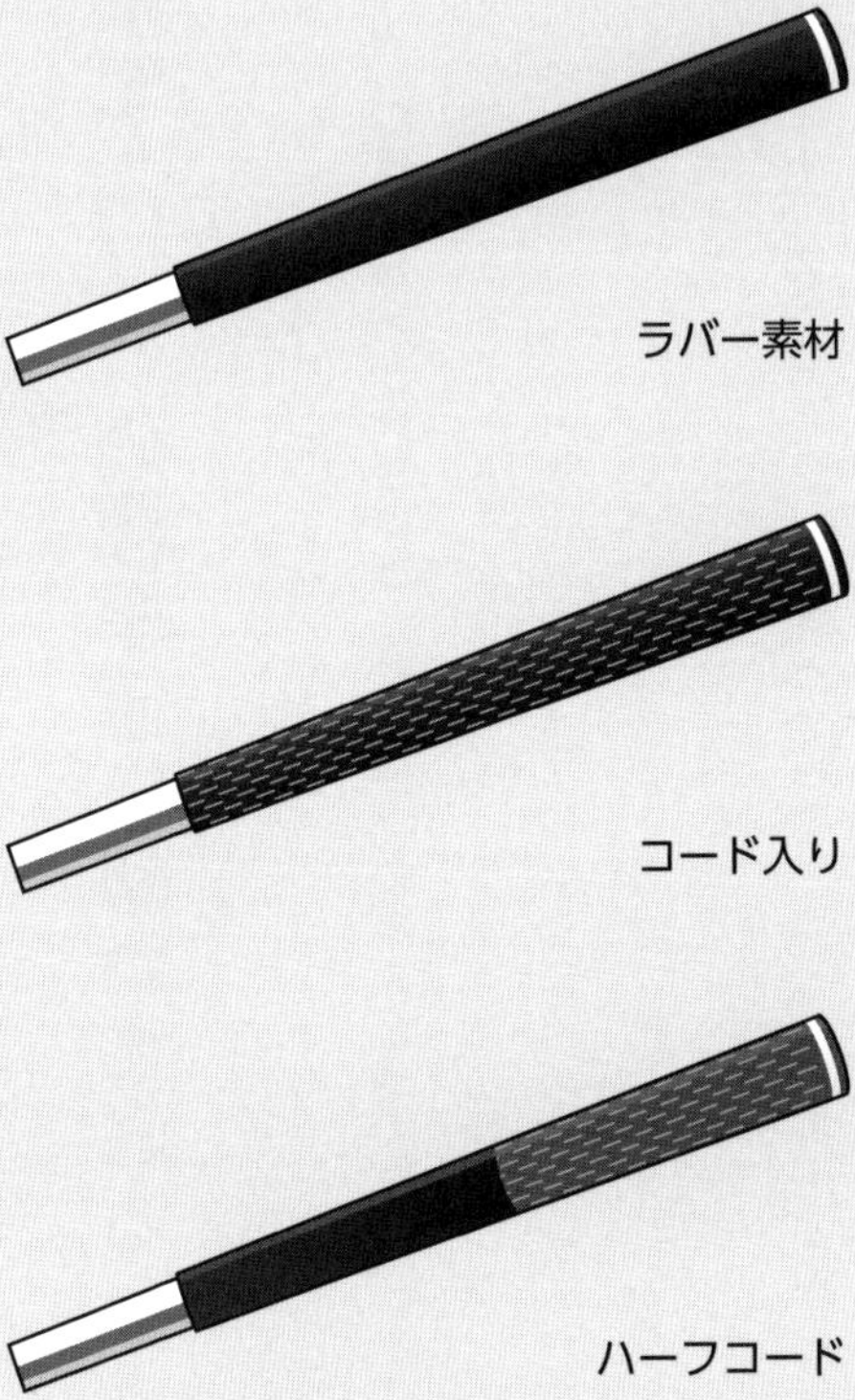

どの種類のグリップにも長所と短所があり、どれがいいかは一概には言えない。いずれのグリップも試してみて、力が入らずにしっくりとくるものを選ぼう

GEAR CHECK 03

世の示す『口径』の標準値に惑わされるな！

グリップには『M58』『M60』『M62』の3つの口径があります。口径とはグリップ穴の大きさのことです。**口径の数字が大きいほどグリップの厚みが薄くなり、シャフト装着の際に細くなります。**M58が太め、M60が標準、M62が細めと覚えておきましょう。

一般的には「M58は手の大きいゴルファー、M60は手の小さいゴルファー、M62は女性ゴルファーに合っている」などと言われていますが、実は一概にそう言えないこともあります。

世の中の雑誌や書籍などには、さまざまな情報が出回っていますが、それに惑わされることなく、いろいろなサイズのグリップを握ってみて、自分が最も居心地のいい口径のグリップを探しましょう。**女性がM58の口径でも、男性がM62の口径でも、自分がそのほうがいいと思えるなら、それでいいのです。**

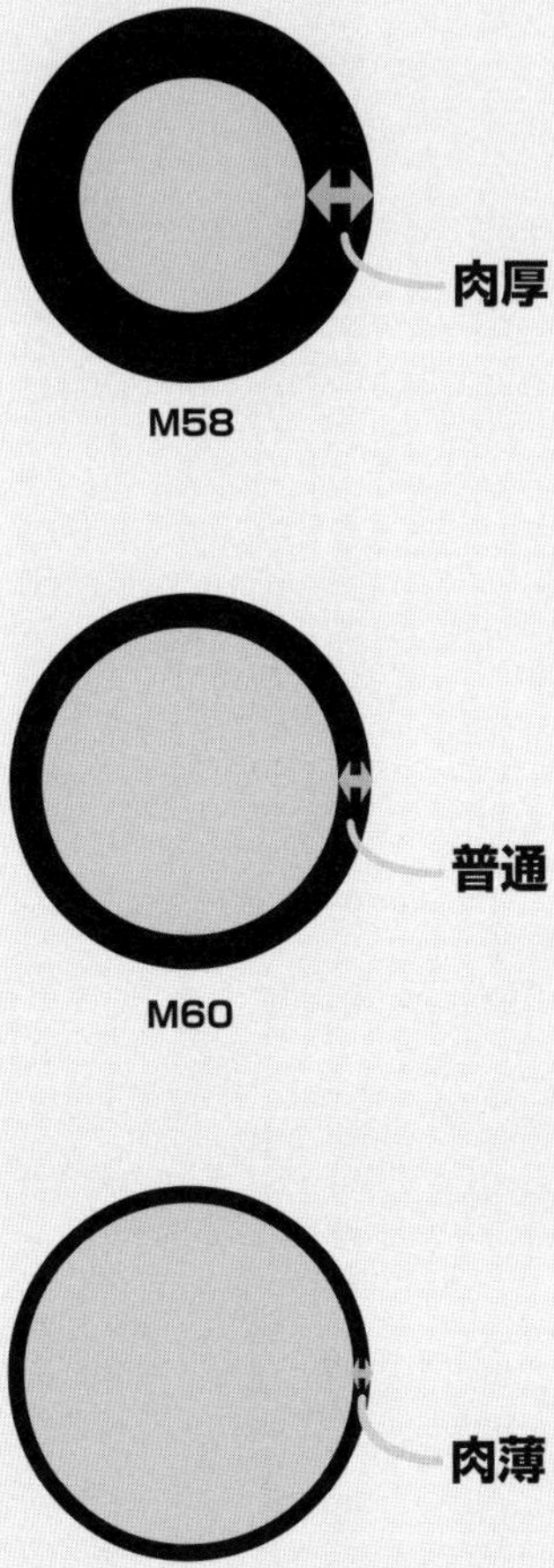

細めだから女性向け、太めだから手が大きい人向けと、ひと括りにはできない。自分の感覚がすべてであり、一般的な情報に惑わされないことが大切だ

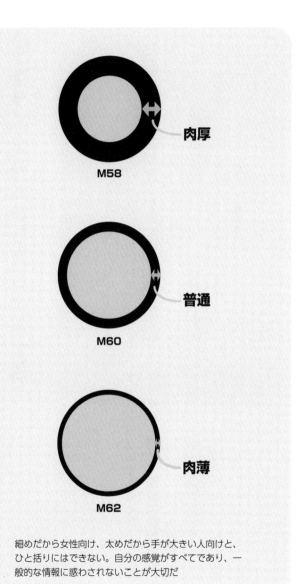

GEAR CHECK 04

バックラインの活かし方も十人十色

バックラインとは**グリップの出っ張りの部分**を指します。グリップの裏側にゴム溜まりを設けて、握ったときにそれが手に当たる仕組みになっています。クラブに装着するグリップには、このバックラインが付いているものと付いていないものがあります。

バックライン付きはグリップに指が引っかかりやすく、ホールド感が高まるため安心して打つことができます。一方、バックラインなしのものは引っかかりがないので、握る位置を自由に変えられるのが利点です。

バックライン付きのものがいいか、バックライン無しのものがいいか、これも両方とも試してみて居心地がいいほうを選んでください。「バックラインが付いていたほうがホールド感が高まって安心できるから力まず打てる」という人もいれば、「フェードボールやドローボールを打ちたいときにバックラインが邪魔になって無駄な力が入ってしまう」という人もいます。

どちらのほうが使いやすいかは人それぞれ違うので、あなたが使いやすいほうを選びましょう。

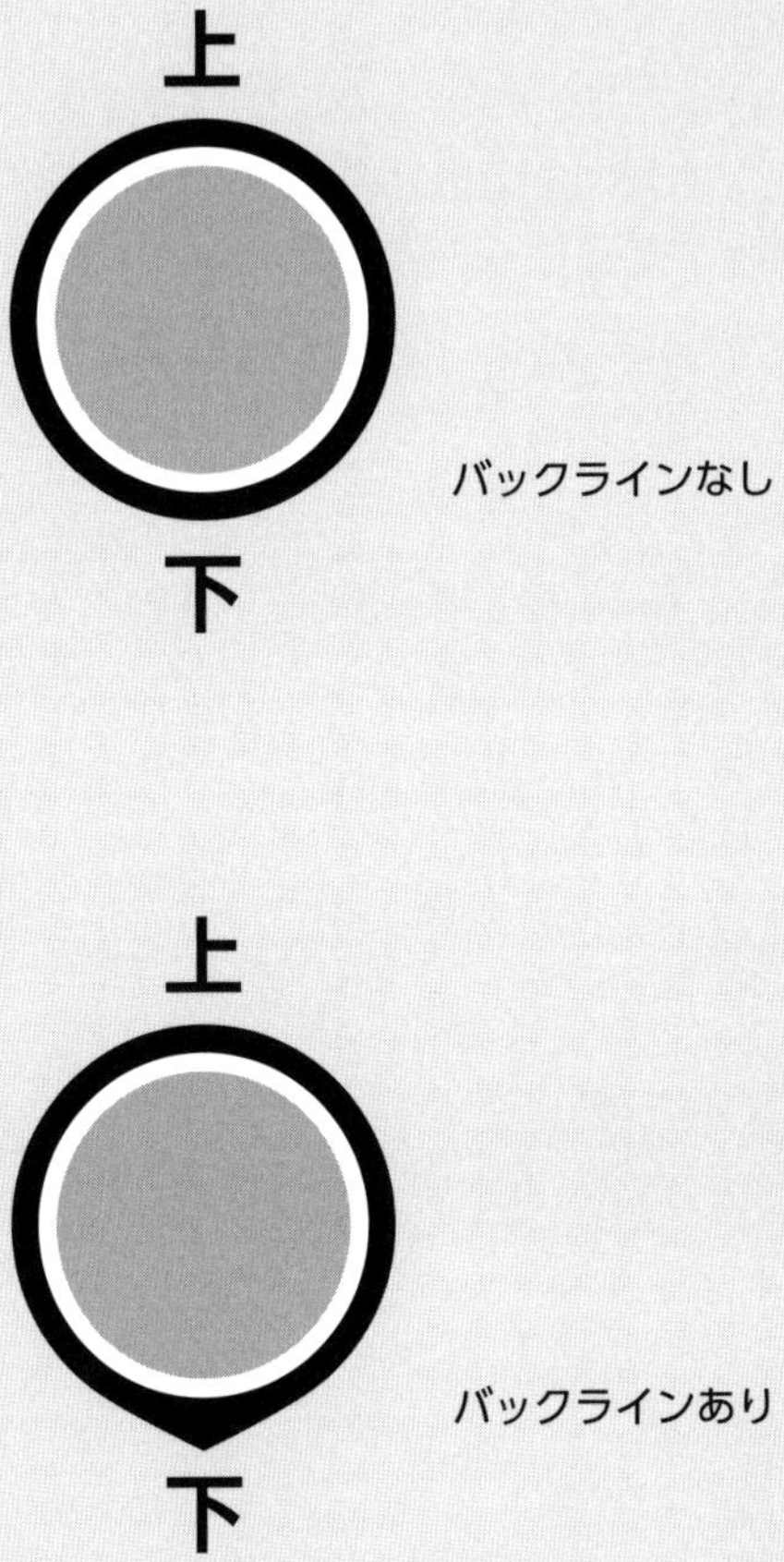

一般的にはバックラインは下にするものだが、プロゴルファーのなかにはあえてバックラインを上にするプレーヤーもいる。常識に囚われず、いかに居心地よく握れるかを優先したよい例と言えるだろう

GEAR CHECK 05

プロにとってのグリップ交換は一大決心

以前コーチをしていたプロゴルファー（ここではAプロとします）がある年に、賞金ランキング上位に入りました。その年のシーズンオフには、アメリカのコーチのもとを訪ねていろいろ学んでいました。もちろん、賞金ランキング上位に入るくらいなので調子は絶好調です。彼は日本ツアーの開幕戦に出場することになり、初戦ギリギリのタイミングでアメリカより帰国する予定でした。

そのときの話ですが、アメリカにいたAプロは、自身の帰国より先にクラブをトーナメント会場に送りました。それで私に「新しいグリップに換えておいてください」と言うわけです。私は思わず「そんなことしちゃって大丈夫?」と聞き直してしまいました。

なぜ聞き直したかというと、プロの世界では**グリップのちょっとした感覚が非常に大切**になるからです。Aプロはあまりクラブのことなどを気にかけないタイプでしたが、プロゴルファーのほとんどは絶好調のときにグリップをあまり換えたくないと考えます。換えるくらいだったら、洗ってきれいにするとか、表面がツルツルになってきたならヤスリをかけて滑らないようにします。それでもダメな場合は換えますが、本人たちにしてみたら一大決心です。「もしかしたら今のいい感覚が失われてしまうかもしれない」と考えるからです。

Aプロは結局、グリップを交換したわけですが、開幕戦からグリップがしっくりこなくて不調に陥ってしまいました。

たとえ今までと同じ種類のグリップに付け替えたとしても、どれも微妙に違ってきます。まったく同じように付けることは不可能と言っても過言ではありません。だからこそ、**少しの違いでも大変な違和感を感じてしまうものであり、好調時にはそのままのグリップでプレーしたほうがいい**のです。

これはあくまでプロの世界の話で、アマチュアゴルファーはそこまで求める必要はありません。ただし、グリップがゴルフにおいてとても大切な要素だということは覚えておきましょう。

GEAR CHECK 06

できるゴルファーは工夫上手

倉本昌弘プロの手袋は21サイズと小さめですが、グリップは太いものを使っていました。グリップが太いほうが、彼の場合は力が入らなくていいショットが打てるということです。**バックラインもちょっと曲げて自分のフィーリングに合うようにしていました。**

別の方法でバックラインの使い方を工夫しているプロゴルファーもいます。普通はバックラインの突起部分を下にして握るのですが、あるプロゴルファーはバックラインを上にしていました。彼にとってはそのほうが**親指に無駄な力が入らずにコックしやすい**わけです。彼らはそうやって自分なりに工夫することが大切だとわかっているのです。

フレッド・カプルスの話もあります。彼は両手とも手袋をしません。彼はフィーリングを重視するプレーヤーなので、とにかくグリップはしっとりさせることを好んでいました。トーナメント中、大きいバスタオルをキャディーに用意させ、片側半分は乾いた状態、もう半分はびしょびしょに濡らしていました。濡れているほうをグリップに当ててから乾いたほうで拭く。すると**グ**

リップはしっとりと湿って手袋なしでも滑らなくなるのです。

青木功プロは左手だけに手袋をするタイプでした。毎ホール、タオルの濡れたほうでグリップと手袋を拭いてから、今度は乾いたほうで拭くことを徹底していました。

特に雨の日に気をつけるべきことですが、グリップだけは濡らしてはいけません。それは私がキャディー経験で培ったコツのようなものです。なぜかというと、車のタイヤのスリップと同じで、ゴムに水が付くと滑りやすくなります。グリップが滑りやすくなれば、プロでさえ自然と力が入ってしまうものです。ですから、キャディーは常にタオルを10枚以上も用意しています。これは、よくトーナメントの中継などでも見られる光景ですが、雨の日にはキャディーが差している傘の骨組みのところにタオルが巻かれています。このタオルでグリップを拭きます。雨の日にはグリップだけは濡らさないように傘の下に持っていきますが、それでも濡れてしまうのでタオルで拭くのです。プロはそのくらいグリップに気を遣っています。これも、悪天候のなかでも普段どおり居心地のいいプレーをするための工夫のひとつです。

青木プロは、頻繁に自分でグリップを変えていました。人には伝えられない微妙な感覚があるからでしょう。アマチュアゴルファーこそもう少し研究して自分の好きなグリップを見つけてみてもいいのではないかと思います。

GEAR CHECK 07

ギアの手入れでナイスショットが格段に増える！

古いクラブを使うことを、私は否定しません。ですが、グリップが劣化してツルツルになっていたら、それは車のタイヤに溝がないのと同じこと。それではいいプレーはできません。手入れをするか、買い替えるかは個人の自由ですが、**グリップにはお金をかけてしっかりと手入れをし、自分の味方につけること**をおすすめします。

ここで、今すぐできるグリップのメンテナンスを紹介しましょう。まずは、**使用済みの歯ブラシに石けんをつけて、それでグリップをこすります。**それが終わったら、乾いたタオルで拭きます。恐らく、拭いたタオルが真っ黒になるくらい汚れが取れるでしょう。これだけでもグリップはずいぶん滑らなくなります。

それでも滑る場合は、**細かい紙ヤスリ（120～150番くらい）で軽くこすってみてください。**それだけで、使い古されたグリップが新品同様に生まれ変わります。私の経験から、キャディーバックには必ず紙ヤスリを一枚入れておくことをおすすめします。

GEAR CHECK 08

プロゴルファーはフィーリング重視

私は子どもの頃から、ゴルフをするときに手袋を着けませんでした。それは私がフィーリングを重視するタイプのプレーヤーだからです。私の場合、手袋を着けるとなぜか力が入ってしまい、特に既製品は自分の手の形に合っていないので、違和感を感じてしまうのです。

では、どうしたら力が入らずうまく打てるか。そう考えて探求すれば、おのずと答えは出てきますよね。**手袋は合皮がいいのか、革がいいのか。**せめて、それくらいは気を配りましょう。

USPGAツアーのトミー・ゲイニーは両手に手袋をします。彼曰く「少年時代に野球をやっていた影響で、両手グローブのほうが居心地がよい」ということです。女性が両手に手袋をすることはありますが、男性はほとんど右手に手袋を着けません（右打ちの場合）。

しかし、ゲイニーのように、**既成概念に囚われず、自分自身のフィーリングを大切にしてほしい**ものです。

GEAR CHECK 09

「ピチピチの手袋がいい!!」は大間違い

手袋選びにも注意が必要です。巷ではよく「ピチピチぐらいの手袋がいい！」と言われます。そのため、多くのアマチュアゴルファーはピチピチの手袋を選ぶことが多いようです。シューズでいえば、普段は26㎝のシューズを履く人が24㎝のシューズを選ぶのと同じことで、**手が窮屈になり力が入ってしまいます。手のひらの凹みができずにパンパンに張ってしまうので、これではうまく握れるわけがないのです。**

では、なぜプロゴルファーはぴたりとした手袋をするのでしょうか？　それは、手袋の素材に、よく伸びる天然皮革を使っているからです。また、一流になればそのプロの手形を取り、いちばん上質な革を使うので、すぐに手に馴染むのです。

もちろん、市販品でも質のいい牛革のものならよく伸びますが、ごく一部です。そのようなものを除いて、あまり伸びない素材の手袋が多いわけですから、**手袋を選ぶ際には手のひらの部分が張らないくらいのものを選びましょう。**

また、夏場は少なくとも2〜3枚は手袋の予備を用意しておきましょう。汗で手袋が濡れると滑りやすくなり、手に力が入る原因にもなります。

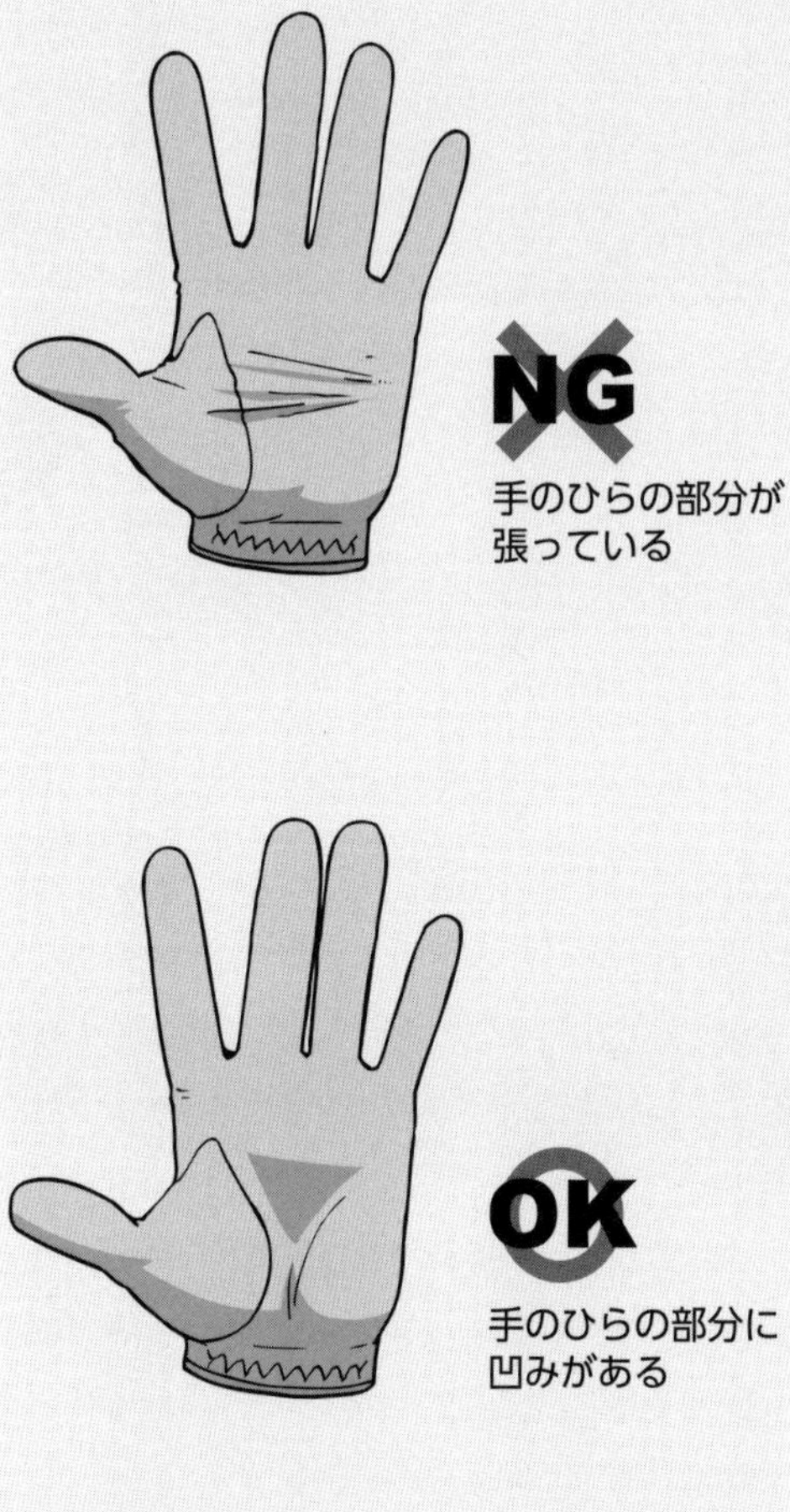

きつすぎる手袋は、うまくグリップを握れずに力が入ってしまう。逆に緩すぎてもグリップの握りが安定しない。手袋の素材も考慮して自分に最適なサイズを選ぼう

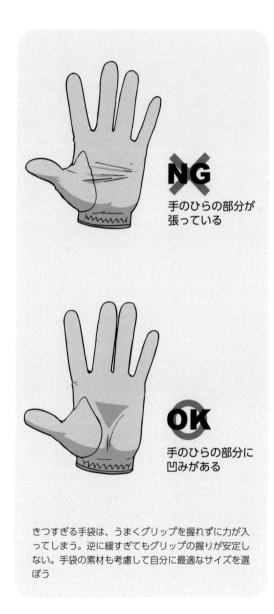

GEAR CHECK 10

〝くたびれた〟ゴルフシューズはスイングに悪影響！

もし、自分が履いているゴルフシューズがスイング、スコアに関係してくるとしたらどうしますか？

アマチュアゴルファーのなかで、ゴルフシューズがスイングにどれだけ影響するかを理解している人はほとんどいません。その証拠に、ゴルフシューズに気を遣っているプレーヤーは非常に少なく思えます。

大半のアマチュアゴルファーはくたびれたシューズを履いています。〝くたびれた〟とは、シューズがきれいか、汚ないかは関係ありません。ゴルフシューズに自分の悪い癖が付いてしまっているかどうかということです。シューズにあなたの悪い癖が付いてしまっていては、いくらうまくスイングしようとしても相当困難と言えます。

アマチュアゴルファーのシューズでいちばん多い悪い例は、足の外側（小指側）に体重がかかり、シューズも同じ様に外側に傾いてしまっている場合です。普段の靴で外側のかかとが減っている人は要注意です。このタイプの人はアドレスで体重が外側（小指側）にかかってしまい、バックスイングのときに右足の内側（親指側）で体重を支えようとしても外側に体重が流れてしまいます。また、ダウンスイングでは、インパクトで左足の内側で踏ん張れずに流れてしまいます。

このようにスイングの土台である下半身が安定しないと、人間は上体でバランスをとろうとして力が入り、結局は腕やグリップに余計な力が入ることになってしまいます。そうなると正しい動きはできず、その結果としてボールが曲がり、飛距離も落ちてしまうのです。

また、シューズはサイズ、幅などがメーカーによって異なります。実際に足を入れて足の指が自由に動くかどうかも大切な要素です。シューズの中で足の指が自由に動かないきつめのシューズだと、スイング中に足の指で地面をつかむことができず、フットワークが正しく使えなくなります。

クラブと同じくらい、シューズはとても重要です。自分のシューズに癖が付き、型崩れしていたら、新しいものに換えることを強くおすすめします。ゴルフに限らないことですが、人間の土台を支える足元が安定せず傾いていたら、なにをしてもうまくいかないということです。

Column 3

バンカーを一発で脱出するための右手グリップ

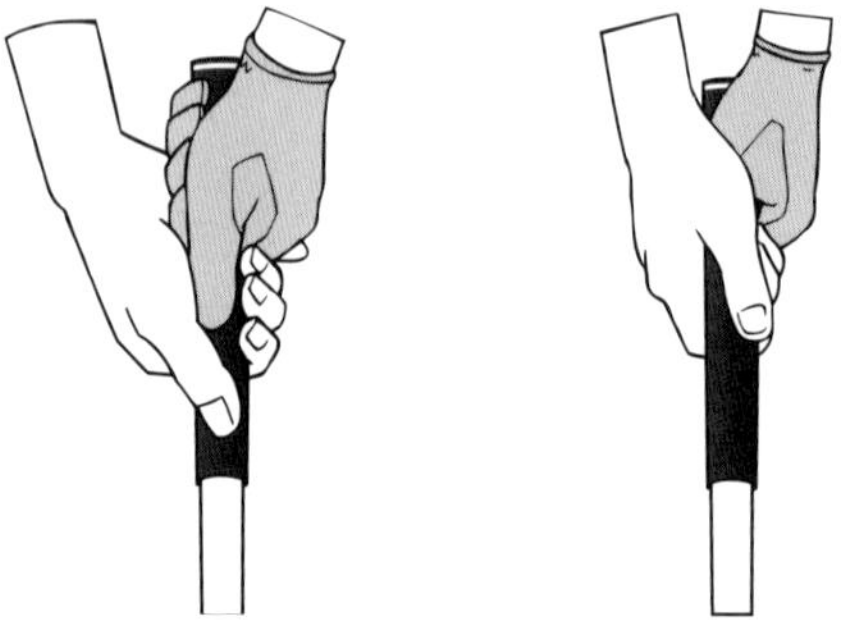

バンカー用グリップ　　通常のグリップ

バンカーショットで、「ピンそばまで寄せられなくてもいいけど、せめて一発で出したい」と悩むアマチュアゴルファーは多いことでしょう。

そこで、バンカーショットを成功させるポイントのひとつとして、右手グリップを工夫する方法があるので紹介しましょう。

バンカーショットではクラブのバンス（ソールの出っ張り部分）を使うことが成功のカギになります。しかし、大半のプレーヤーはアプローチのようにコックを使いすぎて、ボールの手前の砂にエッジが刺さって過剰に砂をとってしまい、バンスを活かせていません。

では、どうしたらうまくバンスを使えるのでしょうか？

右手グリップがポイントになります。アドレスで、右手のひらが斜め45度くらい空を向くように握ってください。その状態でスイングし、インパクトでも右手のひらが斜め45度もしくはもっと空を向くように意識します。こうすることで、右手首のスナップが容易に使えるようになります。その結果、砂にフェースが刺さることなくバンスがうまく使えます。すると、フェースはボールのすぐ下を通り、軽く砂を取って打つ理想のバンカーショットになるのです。

ぜひ、このイメージで練習してみてください。

第4章

グリップができたならあとは本能でゴルフ

～ゴルフのプレーで必要な12のメソッド～

INSTINCT GOLF METHOD

本能でプレーすれば好不調の波がなくなる

さて、これまでグリップの話をしてきましたが、自分に合ったグリップは見つかりましたか？

先にも書いたとおり、**ゴルフ上達のきっかけの9割がグリップにあります。たった2秒間で終わってしまうスイングを直すことよりも、グリップの握り方を直すほうがはるかに上達への近道になります。**よく、バックスイングやダウンスイング、フォロースルーなどに項目分けして解説するレッスン書がありますが、それらもグリップに問題があれば無意味になってしまうのです。

かくいう私も、昔はさんざん上達の秘訣を探すことに没頭し、そのたびに挫折と苦悩を味わってきたゴルファーのひとりです。レッスン書に書いてあることを実践してみても一向にうまくなりませんでした。たとえ、その日手応えを感じても、次の日にはまた、うまくいかなくなってい る。そのくり返しでした。そんな折、倉本昌弘プロのキャディーとして帯同するようになり、数多くのプロゴルファーを観察するうちに気づいたのです。自分に合ったグリップを見つけることの重要さに。

自分にしっくりくるグリップを見つけることができたあとは、〝本能〟でプレーしてみましょう。**だれにでも備わっている運動能力を引き出すコツが本能だからです。**

たとえば、歩く動作や呼吸は、特に細かい部分を考えることなく自然と本能で行っていますよね。

ゴルフも同じです。バックスイングやトップの位置などを型にはめてしまったら、再現性が極めて低くなります。しかし、**本能に逆らわずにプレーすれば、歩く動作と同じように調子を乱しにくくなるのです。**自分にとって正しいグリップを見つけて本能でゴルフをする。これが、すべてのゴルファーに共通する上達法です。

「こんなに練習しているのに、どうしてうまくならないんだろう」

バックスイングやダウンスイング、フォロースルーを意識するあまり、自分でも気づかないあいだにロボットのようなぎこちない動きになっているアマチュアゴルファーの多いこと。**スイングに囚われてしまっては、本能でゴルフをすることはできません。**これまで試してきた上達法は一度頭から追い出して、〝やわらかく居心地のいいグリップ〟と〝本能でゴルフ〟を意識してプレーしてください。

ここから先は、本能を呼び覚ましてゴルフができるようにする方法を含め、ゴルフのプレーで大切なメソッドを紹介していきます。

INSTINCT GOLF METHOD 01

「ゴルフをする」意識は捨て去る！

プロ、アマ、初心者、上級者問わず、ゴルファーは皆、本能を活かすことができれば上達します。しかし、もったいないことにほとんどのアマチュアゴルファーは本能を活かせていません。

それはなぜでしょうか？

その理由は〝目線〟と〝身体の向き〟にあります。**ほとんどのスポーツは身体や顔が目標に向いて行なわれます。**たとえば、マラソンや短距離走では、進行方向に身体の正面が向いていますし、サッカーボールでボールを蹴るとき、バレーボールでアタックを打つときにも、目標方向に身体の正面を向けて行ないます。ところが、**ゴルフというスポーツは、身体も顔も目標物には正対しておらず、正面に置いたボールを見たまま、左方向に向かってボールを打つことになります。**

このようにゴルフは、目標が視野に入らないまま行なわれる数少ないスポーツです。人間は目から多くの情報を取り入れているので〝目線〟も〝身体〟も目標に向いていないゴルフは本能を活かしにくいスポーツと言えるでしょう。

そのため、多くの人はゴルフのそういった特異性ゆえに、悩み、苦しみます。不安を解消するために、さまざまなレッスン書を読んだり、いろいろな打法を取り入れてみたりします。日本人は特に研究熱心ですから、自分より技術的に優れている人をリスペクトし、その人の方法を真似

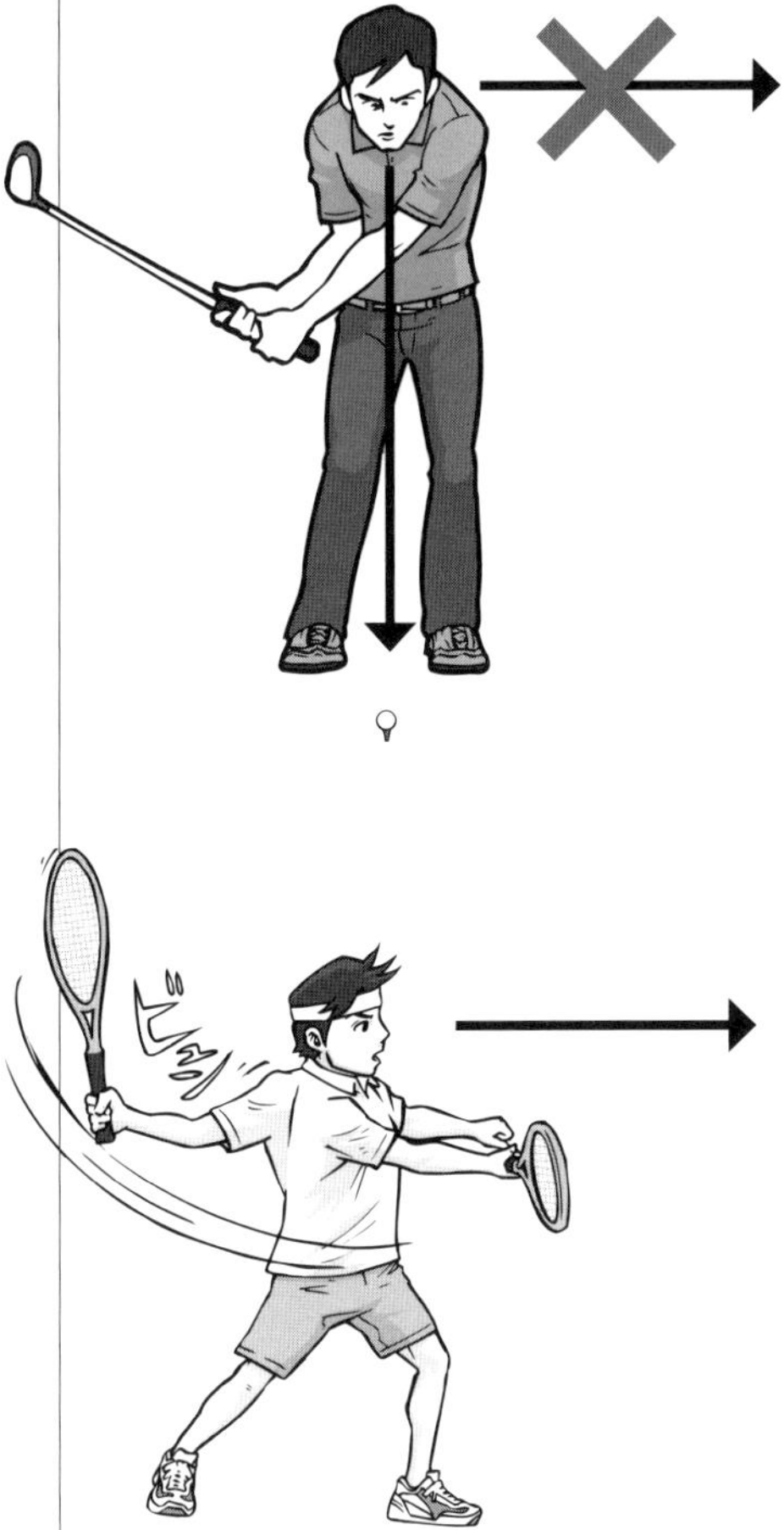

テニスなどのゴルフ以外のスポーツは目標物に身体や顔を向けてプレーするため、本能を活かしやすい

しようとします。**それが本来の自分がもっている運動能力を押さえ込んでいる**ことにも気づかずに。

「ボールは少々曲がって当たり前」「いつでもまっすぐ飛ぶわけがない」と腹を括ってアドレスに入るくらいが正しいのです。そうすることで心身ともに自然体を保てるので、本能を引き出した再現性の高いスイングになります。

いつでも居心地のいいグリップで握ることを心がけ、スイングは本能に任せましょう。多くのゴルファーはグリップが定まらないがために、毎回毎回、違うスイングになってしまいます。その違いに違和感を抱いたり気持ち悪さを感じたりしますが、グリップの重要性に気づいていなかったり、直し方もわからないので、スイングで調整しようとします。その結果、本能を引き出せないままになってしまうのです。

ゴルフに限らず、人間はだれもが３６５日同じ状態にはありません。調子の波に左右されないようにするには、あるがままに自然体でゴルフをすべきです。そして**自然体でゴルフをするためには、居心地のいいグリップが不可欠**なのです。

極論すれば、グリップさえうまく握っていれば、あとはなにも考えずにクラブを振るだけ。それでいいのです。

INSTINCT GOLF METHOD 02

「そうか、わかった」は気のせい!?

朝、コースに出ると、とても調子のいい日があります。グリップの感触もスイングの感覚もしっくりきてボールが思うように飛ばせる。そんなときは決まって「そうか、わかった!」と、うまくいくコツをつかんだ気になるもの。こんな経験はだれにでもあります。

しかし、**この「わかった!」という手応えが、実は不調の始まり**をつくっていることをご存じでしょうか。この「わかった」が次の日には泡のようにどこかに消え去り「わからなくなった」に変わります。そして、「わかった」ときの手応えを探し続け、だんだんと不調に陥っていきます。どんなゴルファーにも調子のいい日はありますが、この場合の〝好調〟は、何百もの要素がかみ合って偶然うまくいっただけです。残念ながら、上達の秘訣を見つけ出したわけではないのです。その偶然を次の日も、その次の日もくり返すことは不可能です。調子がいい日もあれば、そうでない日もあるのですから。

不調の原因の大半は、グリップです。**まずはグリップをチェックしてください。**

INSTINCT GOLF METHOD 03

〝レッスン書の正解〟が〝あなたの正解〟ではない

「正しいバックスイングの5つのコツ」「左腕を曲げないように」「左の軸を意識しろ」「アップライトが主流だ」……等々、レッスン書には、それを守ればだれもが上達するようなニュアンスで、うまくなるコツが書かれています。このうまくなるコツを食い入るように見て真似をするアマチュアゴルファーが多くいます。しかし、左腕を曲げないようにバックスイングすることで、上体に力が入ってしまうプレーヤーもいます。それでも「レッスン書に書いてあるのだから間違いない」と、そのコツを忠実に守ろうとして迷路に迷い込んでしまうゴルファーが増え続けてしまうのです。

レッスン書に書いてある正解があなたの正解とは限りません。万人に適した上達法などないのです。もし、あなたの頭の中に「レッスン書に書かれているコツはすべて守らないといけない」という気持ちがあるなら、今すぐそれを捨て去ってください。

大切なことは、自分に合った居心地のいい方法を見つけることが最も大切です。

INSTINCT GOLF METHOD 04

情報整理も上達のカギ

前項にも書きましたが、レッスン書や周囲のゴルファーの正解が、必ずしも自分にも当てはまるとは限りません。自分に合わないと感じたら、すぐに止めることこそが正解です。アマチュアゴルファーとプロゴルファーの差は、そういった情報の取り入れ方にあります。

プロゴルファーの場合、「右ひじはこの角度がいい」という情報を得た場合、まず一度試してみます。そこで自分にとって居心地がいいと感じたら取り入れて、居心地が悪ければ取り入れません。ところが、アマチュアゴルファーの場合は、**見聞きした情報が正しいか間違っているかの判断ができない**ために、自分にとって居心地が悪くても「身につけねば！」と一生懸命くり返して、それで調子を崩してしまいます。最悪のケースは、見聞きした情報が複数重なる場合です。どれが自分にとって居心地がいい情報か、もしくは居心地が悪い情報かを判断することなく、すべてを取り入れてしまい、わけがわからなくなってしまうのです。

ゴルフがうまくなりたいなら、情報を整理することから始めましょう。

INSTINCT GOLF METHOD 05

形にこだわるな!

ほとんどのゴルファーは自分のスイングに自信をもてずにいます。そのため、自分より優れている人のアドバイスを一生懸命に聞きます。しかし、そのうちの9割があなたに合わないアドバイスです、と言っても過言ではありません。その合わないアドバイスを取り入れて、あなたの調子が崩れても、だれも責任を取ってはくれないのです。

自分に合っているかもわからないアドバイスに頼るのは止めましょう。**自分と周りのゴルファーを比較するのではなく、自分に合ったグリップやスイングをすべきです。**

あなたのグリップやスイングはあなただけのものです。

多くのアマチュアゴルファーが「まずはしっかりと形をつくらなければいけない」という先入観をもっていますが、その考え方がゴルフを難しくしていると言えます。**形にこだわらず、力まずリラックスしてスイングに入れるグリップを模索していきましょう。**

INSTINCT GOLF METHOD 06

癖のあるスイングでおおいに結構！

上級者になればなるほど、それぞれスイングに癖をもっています。もちろん、プロゴルファーも同じです。

たとえば、USPGAツアー屈指の飛ばし屋、ダスティン・ジョンソンは、トップで左手の手首が〝逆くの字〟に折れます。また、ステディなプレーヤーで知られているザック・ジョンソンは強烈なシャットフェース（極度にフェースが閉じた状態）でバックスイングしているため、トップでフェースが空を向いています。

決して**ノーマルとは言えない形ですが、皆それを直そうとはしません。**なぜなら、それが彼らにとって居心地のいいスイングだからです。要するに、**自分流でプレーしたほうが強いのです。**

もちろん、許容範囲を超えてしまったら直す必要がありますが、その癖も許容範囲内に収めればいいわけで、すべてを直す必要はないのです。

あまり神経質にならず、ある程度は自己流でプレーしたほうが上達は早いはずです。

INSTINCT GOLF METHOD 07

人の真似をするな！

アメリカのＰＧＡツアーで活躍したベン・クレンショーをご存じでしょうか。パッティングやショートゲームで進化を発揮する技巧派ゴルファーです。１９８４年のマスターズでは、最終日の10番グリーンで見せたロングパットで調子をつかむと、マスターズ初優勝を成し遂げました。

彼はスイングについてこう言っています。

「スイングは自分だけのものでなければいけない」

子どもが憧れの選手の真似をするように、ゴルファーもほかの選手の真似をしたがることがあります。「あの選手はこうしているからうまく打てるんだ」というように。しかし、そのうまく打てる理由がわかっていても、それを自分のスイングに反映させることは至難の業です。トップで活躍するプロゴルファーでさえも、不調に陥ったとき、全盛期の頃のビデオを見てそのイメージを取り戻そうとします。それは他人を真似るよりはいいかもしれませんが、目標とするのが過去の自分のスイングであり、現在の自分の状態に合ったスイングというわけではないので、ほとんどの場合うまくいきません。

プロゴルファーのスイングは十人十色です。**多かれ少なかれ〝独自のスタイル〟をもっているもの**です。これはなにもスイングに限ったことではありません。グリップについても同じことが言えます。野球の投げ方やボールの握り方、バットの振り方も同じでしょう。野茂英雄投手のトルネード投法や王貞治選手の一本足打法などは、まさに独自のスタイルです。野球少年であれば、だれもがトルネード投法を一度は真似しますが、たいがいは自分らしいフォームのほうが制球もスピードも出ることに気づきます。

しかし、多くのアマチュアゴルファーは完璧なスイングを追い求めます。完璧なスイングは必要なく、居心地のいいグリップで握ってさえいれば、あとは本能に任せて打つだけでいいのに……。

スイングは意図的につくり上げるものではなく、クラブをシンプルに左右に振ることで自然と身についていくものなのです。居心地のいいグリップを意識して、あとは本能のままに打つ。それが、自分だけのスイングを身につける秘訣なのです。

INSTINCT GOLF METHOD 08

〝木を見て森を見ず〟から脱却しよう！

ほとんどのアマチュアゴルファーは、〝木を見て森を見ず〟の状態でゴルフをしています。バックスイングのクラブフェースの向き、トップの位置、ダウンスイングのコックの角度、インパクトの腰の位置、フィニッシュの形など、スイングの細部を重箱の隅をつつくようにしてスイングチェックしますが、そんなに細かいことを考えたら身体がガチガチになってしまってまともにスイングできるはずがありません。実際、多くのアマチュアゴルファーがガチガチのままスイングしているので、傍から見ているとロボットのようにぎこちないスイングになっています。逆にジュニアは、余計なことを頭で考えずにクラブを右に上げて左に振っているので、淀《よど》みのないスイングになるのです。

ゴルフスイングはたった2秒足らずで完結してしまうものです。**細部を考えるよりもスイング全体のバランスやリズムを考えたほうがはるかにスムーズに振れますし、上達も早くなるでしょう。**

INSTINCT GOLF METHOD 09

“うまくなる秘訣”なんてものは存在しない！

「テイクバックの最初の30センチはまっすぐ引いて」「ダウンスイングでは腰を切ろう」

多くのゴルファーはそういったことを頭で考えてしまい、本能を殺してゴルフをしています。

人は「なにか上達するコツがあるはず」と考えてしまうものですが、そんな魔法のような、だれもがすぐにうまくなれる秘訣など存在しません。特に悩めるゴルファーは、そういった不確定な要素に頼ろうとするものですが、それは間違いです。

あなたは道を歩くときに、「まず右足から前に出そう」とか「足と手の動きは左右逆に動かそう」などと考えますか？　きっと考えないはずです。もし考えてしまうと、普段と違うぎこちない歩き方になってしまうものです。

ゴルフも歩き方と同じです。**型にはまったスイングをしようと意識すればするほど身体の筋肉はこわばり、スイングは崩壊していきます。居心地のいいグリップでクラブを握ったら、あとは本能でスイングするだけ。再現性の高いスイングは本能に従ったときに生まれるのです。**

INSTINCT GOLF METHOD 10

ボールは身体で打つものではない！

本能を殺す根源となっているひとつの要素が『ボディーターン』です。シングルに到達できないゴルファーのほとんどは、ボディーターンを意識しすぎて腕が振れずにいます。これは一般的に「手打ちはいけない」という教えが普及しているからでしょう。

手打ちはいけないと言われますが、**ゴルフクラブを持つのは手なので、必然的に最も稼働させなければいけないのは手であり、腕になります。**腕を動かさなければ、当然クラブは勢いよく振れず、ヘッドスピードも出ないためにボールを弾く力が弱まってしまいます。

私のレッスンを受ける生徒さんのなかにもボディーターンを意識しすぎてしまい、ほとんどの人が腕や手をしっかりと振れていません。そこで私は「身体を回すのではなく、腕を思い切り振ってください」と指示すると、「なんか身体を動かさずに手だけで打っているような感じですよ」と言います。ところが、見ているこちら側からすると、身体はちゃんと動いている（回っている）のです。

実際のところ、手だけで打とうとしても、それはできません。身体を動かさないように意識しないかぎり、必ず腕の振りにつられて身体は動くからです。それよりも、身体を回すことを意識しすぎるあまり、過度に身体が回って手が振り遅れてしまうほうが問題です。ですから、**ボディーターンを意識せずに、本能の赴《おもむ》くままに、自然体のグリップで腕を振ってあげれば、身体は勝手に適切な方向にしっかりと回るもの**なのです。

よく自分のスイングをビデオに撮影して見返すと、「えっ、こんな動き方してるの？」と思うことがあるでしょう。自分が意識した動きと、実際に行なう動作は違うものです。逆に、本能のままにスイングしているときのほうが、ビデオで見てもしっくりくるものです。

だからこそ、まずはボディーターンを考えずに腕を動かしましょう。**腕がスイングをリードすることで身体もつられて回る**ようになります。

INSTINCT GOLF METHOD 11

グリップ＋リズム＝グッドスイング

これまで多くのプロゴルファーやアマチュアゴルファーのスイングを観察する機会がありました。そのなかで私は、ある共通点に気がつきました。それは、**上級者になればなるほどスイングの細部を修正することは稀《まれ》である**ということです。

意外なことに、一流プロほど基本的な部分に重点を置いています。それは、アドレスの立ち方やグリップ、スイングにおけるリズムです。グリップについては十分に解説してきましたから、ここではリズムについてお話ししたいと思います。

本章のタイトルに『グリップができたならあとは本能でゴルフ』とありますが、本能を引き出すために大切なのが、リズムです。さまざまなスポーツで大切な要素になるリズムですが、ゴルフは静止した状態からスイングを始めるため、リズムを生み出しにくいスポーツです。しかし、**ボールもプレーヤーも止まっている状態から身体の各パーツをうまく動かすには、リズムしかないのです。**

スイングにおける各動作を考えすぎるあまり、身体がカチコチに固まってロボットのようになり、スムーズな動きが損なわれてしまう。すると、身体の動きやクラブの動きに歪みが生じて大きなミスショットの原因となってしまうのだ

静止した状態から動作を開始するところは、野球のピッチャーの投球と似ています。ピッチャーに対してキャッチャーが「テンポよく投げろ」という声をかけるように、ピッチングではリズムが大切になってきます。同様に**ゴルフのスイングでも〝テンポよく〟がとても大切な要素になってくる**のです。

あるとき、不調に陥った若手プロゴルファーから相談を受けました。その彼に「なぜ調子が悪くなったと思う?」と尋ねたところ、「バックスイングでインサイドに上がりすぎて、ダウンスイングでも過剰にインサイドに下りてくるから強烈なフックになっているんだと思います」という答えが返ってきました。

さっそく練習場で彼のスイングを見てみると、確かにクラブは普通よりもインサイドに下りてきていました。彼はすべてのスイングで、腰の位置までクラブを上げて、終始、軌道をチェックしつつバックスイングに入っていました。この練習を見ただけでは根本的な原因はわからないので、翌日にラウンドすることを提案しました。ラウンドでも彼は、練習場でやっていたのと同じように、すべてのショットで腰の高さまでバックスイングしてクラブの位置を確認していました。そして、そのショットの大半に強烈なフックがかかり、ボールはＯＢや林に飛び込んでいきました。

　そこで私は**「バックスイングの軌道のことはなにも考えずに、とにかくリズムだけを大切にしてスイングしてみなさい」**とアドバイスしました。すると、何発か打つなかで強烈なフックは次第に素晴らしいドローへと変わっていきました。リズムを意識しただけで、彼のスイングの問題点は改善されたのです。彼は次のトーナメントで、自己ベストの〝62〟をマークしました。

　ほんの一例ですが、このエピソードからもわかるとおり、**リズムはスイングにおいてグリップに次いで大切な要素**です。

　スイングの細部は気にしなくて大丈夫です。グリップとリズムさえしっかりしていれば、スイングの軌道が多少悪くても問題ありません。スイングの軌道は徐々に本来のものに戻ってくるのです。

INSTINCT GOLF METHOD 12

キャディーバッグからクラブを抜き取るところからスイングは始まっている

サッカーのペナルティーキック（ＰＫ）とゴルフには多くの共通点があります。そのひとつに「リズムを生み出しにくいこと」が挙げられます。ゴルフは道具を使ってボールを打つスポーツなので、野球やテニスに近いと思われるかもしれません。しかし、野球やテニスはリズムを生み出しやすいスポーツです。それは動いているボールを打つからです。動いているボールを打つのは難しいと思われがちですが、実は**動いているものに対してのほうがリズムを合わせやすい**のです。速いボールが向かってきても身体が自然と動くのはそのためです。

ところが、ゴルフやサッカーのＰＫでは、ボールが止まっている状態から自分のタイミングで動作を開始しなければなりません。静止した状態からスタートするので、リズムがうまくとれないと世界の一流選手でもゴールの枠を外してしまうことがあるのです。

ただし、ＰＫではボールを蹴るまでのあいだに助走がとれるので、ゴルフよりもリズムをつくりやすいと言えるでしょう。ゴルフはプレーヤーもボールも静止したところからスタートしなけ

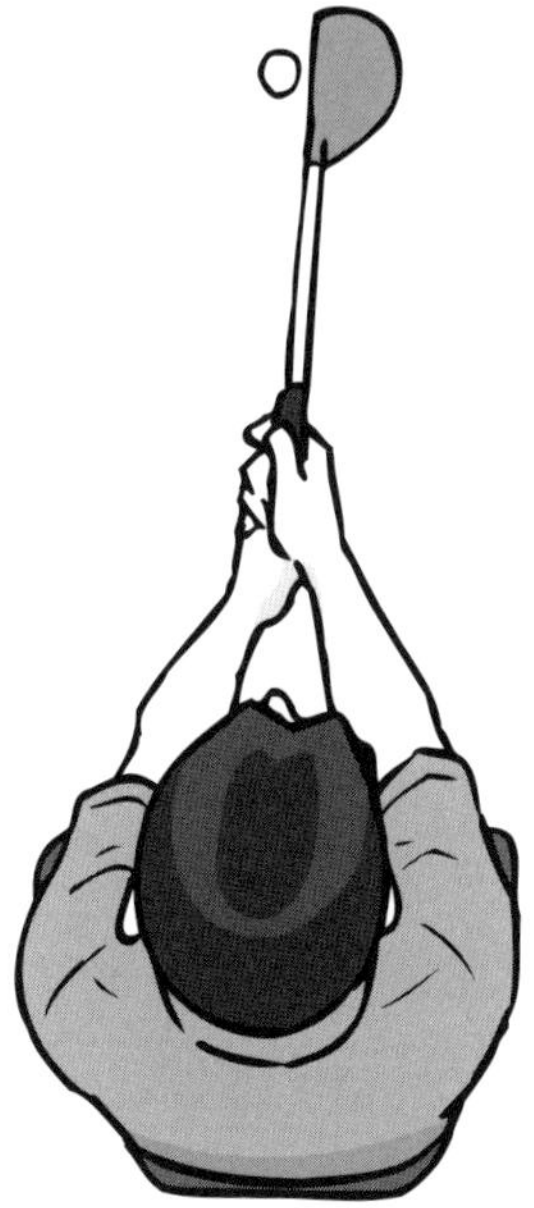

アドレスに入ってからじっと構えて動かなくなるアマチュアゴルファーが多くいるが、これは本能を殺す最たる原因になるので注意

ればなりません。ボールは動いてくれないので、PK同様、自分が動いてリズムをつくり出すしかないのです。ですから、いかに自分がよいリズムで動いてスイングをスタートさせることができるかがカギになるわけです。

サッカー選手に限らず、常に最高のパフォーマンスが求められるプロアスリートは、**自分の行動パターンをつくり、それを実行することで集中力をコントロールしたり、成功の感覚を身体に覚えさせます。**こうした〝本番前の決まりごと〟を定めてそれを忠実に守ることをゴルフの場合は『プリショット・ルーティーン』と言います。このプリショット・ルーティーンを行なえばいいのです。

ゴルフのスイングでは、アドレスに入ってから打つまでに身体のどこかが動いていることが重要です。しかし、多くのアマチュアゴルファーは構えてから動きを一度止めてしまい、打つまでに時間をかけます。そして動きが停止している状態から、いきなりスイングを開始します。**アドレスに入ったあとに動きを止めてしまうことは、打つ前にすでにミスをしているようなものです。**

プロゴルファーをよく観察してみてください。彼らの多くは、クラブをキャディーバッグから抜き取るところからスイングが始まっています。クラブを抜き取ってからボールを打つまでのタイムを計ると、毎回ほとんど同じなのです。プロゴルファーはクラブをバッグから抜き取るところからプリショット・ルーティーンが開始している状態にあるということです。

構えたあとで必要以上に静止することはありません。プロゴルファーでさえ、一度静止した状態からスイングを開始したら、ミスショットの原因になります。静止することで動作は中断し、身体は硬直します。そのうえ、考える時間が生まれてしまい、その考えるという行為がスイングをより乱します。**リズムよく、流れのなかでスイングできれば、余計なことを考えずにボールが打てるので、いいショットが生まれるわけです。**スイングは、型よりもリズムのほうが大切です。

リズムさえよければ多少スイングがブレていても、大きなミスショットの原因にはなりません。ルーティーンは、メンタルをうまく誘導するための方法と捉えがちですが、実はリズムをつくり出す役割もあるのです。特にアプローチやパッティングのようにスイングが小さい振り幅のものは、リズムが大切になります。

たとえばパッティングで、

「まっすぐにフェースを引いてストロークしなさい」

と言われたとして、まっすぐに引こうと意識をしたら引けません。それよりも、リズムよくストロークしたほうがまっすぐに引けるのです。

スイングフォームを改善するとき、参考書の手順に沿って、クラブを30センチまっすぐに引いて、肩を90度回して、腰が回って……と考えながらスイングしてもうまくいかないでしょう。**細部にこだわらず、スムーズにスイングすることがいちばん**なのです。

プリショット・ルーティーンはスイングやグリップと同じで、方法は十人十色です。どうすればいいのかわからなければ、一流プロのプリショット・ルーティーンを真似してみるのもいいですし、自分でプリショット・ルーティーンを考えてもいいでしょう。自分に合ったリズムをつくり、ナチュラルなスイング始動のきっかけにしましょう。

エピローグ

グリップは生き物

本書の中で私は、くり返し「自分に合った力の入らないグリップを探し、毎ショットその握り方を実践しましょう」と言ってきました。しかし、**グリップは〝生き物〟と言ってもいいほど、自分でも知らないうちに変化します。**今日は正しいグリップだったとしても、明日も同じグリップができるとは限りません。アマチュアゴルファーのなかには、毎ショット、グリップの握り方が変わってしまう人もいます。

なぜ毎回、同じグリップで握ることがこれほど難しいのでしょうか。

それは、手のむくみ加減や関節のやわらかさなど、身体の状態が常に変化しているからです。毎日、狂いもなく同じグリップで握ることは不可能と言っても過言ではありません。プロゴルファーでさえ毎日同じようには握れないのですから、アマチュアゴルファーはなおさらです。プロゴルファーがトーナメントで、前日に〝65〟で回ったコースで、翌日に〝75〟を叩いてしまうというようなケースは往々にしてあります。

それを見て、なぜ同じコースなのにこれほど調子を落としてしまうのだろう、と不思議に思ったことはありませんか？

その原因の9割は、前日にできていたよいグリップを翌日に継続できなかったことにあります。そのために10ストロークもスコアを落としてしまったのです。あのタイガー・ウッズでさえ、そういう崩れ方をしたのを目にしたことがあるでしょう。

しかし、トッププロになればなるほど、このグリップの誤差がなくなります。私に言わせれば、**一流のゴルファーとは毎日同じようにグリップを握ることができるプレーヤー**を指すのです。

その日の調子はグリップで決まる！

「調子が悪いと思ったら、今の半分の力で握ってみよう」

第1章でも紹介した言葉です。人間は、半分の力にしようと思うとぴったり50％の力で握ることは難しいかもしれませんが、60～70％くらいの力では握れます。そのくらいのやわらかさがゴルフには必要です。もしあなたがコースに出て、調子が悪いと思ったら、まずはグリップを確認してください。本書で紹介してきたドリルのなかにはスタート前にできるものもありますので、ぜひ試してみてください。

これはなにもコースに限った話ではなく、練習場でも同じです。やわらかいグリップの感覚を身につけるために、打球の練習をするときはまず、アプローチをゆっくり行ないましょう。**不安のない距離のアプローチから練習すると、飛ばそうとしないためグリップをやわらかく握れるからです。**

練習場に行かず、いきなりコースに出てしまうと、たいがいのゴルファーはティーショットで力が入ってしまいます。一度力が入ってしまうと、なかなか抜けないものです。

そこで、あらかじめスタート前の練習場では40％くらいの力でグリップしましょう。こうしてスタートすると、コースではちょうどよく60％くらいの感覚でグリップできるようになります。**練習場での練習は、ナイスショットを打つことが目的ではなく、リズムの確認とグリップの力を抜くことを目的としたほうが効果的でしょう。**

ロングホールが唯一の修正ポイント

ラウンド中、急にスイングの調子が悪くなることがあります。そんなときは、やはりグリップの力みが原因になっている場合が多く、やわらかいグリップに戻す必要があります。

これを、ラウンドのあいだに修正するのはとても難しいことです。

ただ、ひとつだけ力を抜ける場面があります。それは、**ロングホールに来たとき**です。ティーショットがうまくいったら、セカンドショットは3番ウッド（スプーン）や5番ウッド（クリーク）などで飛ばしたいと思うものですが、調子が落ちてきたそんなときには7番アイアンなど短いクラブで**距離を欲張らずに力を抜いて振っていく**のです。

なぜロングホールのセカンドが修正するのにいいタイミングなのかというと、短いクラブで打つ場合はグリーンを狙うものではないからです。少々曲がってもいいから、安心して振っていけるわけです。

逆に、短いクラブを持っても、ショートホールで「あそこを狙うぞ」と思っていたら力が入ってしまいます。

短めのクラブで力を抜く。距離も飛ばさなくていいので欲張らない。そこで成功すると次からそのテンション（やわらかい握り）で振っていけます。脳が「この力加減でも打てるんだ」と思って回復するからです。

これはプロゴルファーも実践していることです。このような工夫がラウンドでは大切になってくるでしょう。

ベストグリップがベストスコアを生み出す！

私が帯同キャディーをしていた頃、多くのプロゴルファーが独自のグリップやスイングでプレーしていました。フレッド・カプルスは強烈なフックグリップでたくさんの勝利を勝ち取っていましたし、ジム・フューリックも特殊なダブルオーバーラッピングでPGAツアーで優勝しました。彼らは**理論に支配されて頭でっかちになることなく、自然体で自分らしいゴルフをしていました。**ところが巷には、頭の中が理論に支配されているようなゴルファーが溢れています。理論を守ろうとすると個性がなくなってしまいます。

雑誌に載っているとおりのグリップやスイングが、すべてのゴルファーに当てはまるわけではありません。ところが、経験の浅いアマチュアゴルファーほど理想のスイングやグリップを追い求めます。そして、そのほとんどが理想に届かずして挫折します。

私たちがお手本とするプロゴルファーですら、完璧なスイングはできません。彼らでさえ、毎回ベストなグリップができるように努力しているのです。

完璧なスイングを目指して、細部まで直そうとする必要はありません。それよりも、まずは自分にとってベストなグリップで握る習慣をつけることから始めましょう。

松吉　信　ウェブ情報

[ホームページアドレス]	http://www.progolfers.jp/
[有限会社エイジ・シューター]	E-mail：tomokocoral@icloud.com
[Instagram]	https://www.instagram.com/makotomatsuyoshi
[LINE公式アカウント]	松吉 信ゴルフレッスン

MAKOTOMATSUYOSHI

ゴルフドクター
松吉 信（まつよし・まこと）

小学4年生からゴルフを始める。大学時は学生ゴルファーとして活動する一方、専属プロキャディーのパイオニアとして倉本昌弘プロの20勝近くの優勝に貢献した。卒業後、プロキャディーを務めながら、プロゴルファーのマネジメント業にも取り組む。1995年、有限会社エイジ・シューターを設立。1998年、服部道子プロと専属マネジメント契約、同年ツアー賞金女王となる。2011年には、当時韓国の最年少プロ（19歳）の黄重坤（ハン・ジュンゴン）を指導し、わずか半年で『ミズノオープン』優勝、その年のロイヤルセントジョージスGCで行われた『全英オープン』出場に導く。その後も、才能に恵まれつつも伸び悩むプロゴルファーがあまりに多い現状に大きな疑問を抱き、その人が本来もっている能力を発揮できるように技術、メンタルでの指導を行う。ゴルフ・ファンが増える一方で、ゴルフは「難しいもの」「悩むもの」といった既成概念を持つゴルファーが多いなか、プロ、アマ問わず確実に上達するための、常識を打ち破るレッスンを実施している。著書に『新しいアプローチの教科書』（日本文芸社）、『右手を直すだけでスイングが変わるから「もう一度練習してみよう」と思える』『本能で！ゴルフ いまの貴方のままで「80」が切れる“新理論”』（いずれも東邦出版）などがある。

動画解説版《どうがかいせつばん》
グリップを直《なお》すだけでゴルフが変《か》わるから
「もう一度練習《いちどれんしゅう》してみよう」と思《おも》える

2021年4月1日　第1刷発行

著　者　松吉《まつよし》　信《まこと》
発行者　吉田　芳史
印刷所　株式会社廣済堂
製本所　株式会社廣済堂
発行所　株式会社　日本文芸社
〒135-0001　東京都江東区毛利 2-10-18　OCMビル
TEL　03-5638-1660（代表）
URL　https://www.nihonbungeisha.co.jp/
Printed in Japan 112210318-112210318 Ⓝ01(210078)
ISBN 978-4-537-21879-4

編集担当：三浦